ACTUS
NOVEMBRE – DÉCEMBRE 2022

Les droits des enfants

Tu as le droit d'aller à l'école, de rire et de jouer, d'être protégé de la guerre… C'est la Convention internationale des droits de l'enfant qui le dit. Le 20 novembre 2022, ce texte très important est célébré pour rappeler ces droits et les faire respecter. Or, partout dans le monde, des enfants souffrent, ils ne sont ni protégés, ni soignés, ni libres de s'exprimer… Tu peux prier pour eux !

Dans le Nord-Est du Myanmar (un pays d'Asie), deux écoliers de 7 ans assis devant leur salle de classe.

Photo : MangAllyPop@ER Photo / Adobestock

8 MILLIARDS

LE 15 NOVEMBRE, NOUS SERONS 8 MILLIARDS D'ÊTRES HUMAINS, SELON L'ONU.

Fête des Lumières

Le 8 décembre, c'est la fête des Lumières à Lyon. Chaque année, les Lyonnais mettent une bougie à leur fenêtre le jour de la fête de l'Immaculée Conception. Cette année, la fête des Lumières aura lieu partout en France, en l'honneur de la Vierge Marie qui a été déclarée « patronne de la France », il y a 100 ans. Dis-nous si cela s'est passé chez toi !

Découvre aussi cette fête avec le jeu pages 8-9.

Illustration : Claire le Meil

W0280809

CONCOURS DE NOËL

Dessine ta plus belle crèche !

Envoie ton dessin avant le 15 décembre 2022*
Rendez-vous dès le 24 décembre pour découvrir les heureux gagnants sur :
www.prionseneglise.fr/concours-junior

*Envoie ton dessin sur papier libre à l'adresse suivante :
Concours de dessins, *Prions en Église Junior*,
18, rue Barbès, 92 128 Montrouge Cedex.
Ou par mail à : prionseneglisejunior@groupebayard.com
en indiquant ton nom, ton prénom,
ton âge et ton adresse complète.
Les 10 plus beaux dessins seront récompensés.
Tu peux consulter le règlement du concours :
www.prionseneglise.fr/concours-junior

À LIRE

Douze jeunes saints

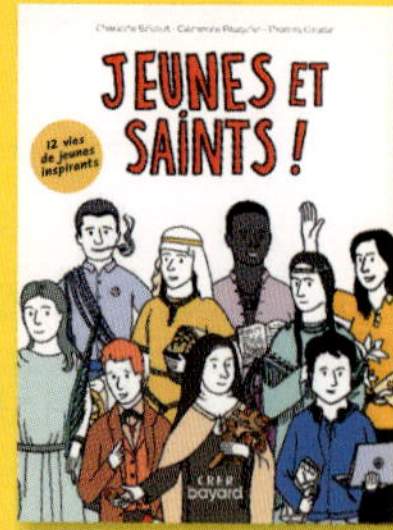

Carlo, Thérèse, Kateri... Ils viennent de pays et d'époques différentes. Ils s'intéressent à l'art, à l'informatique ou au sport. En un mot, ces saints te ressemblent et te feront découvrir que c'est en étant pleinement soi-même que l'on trouve Dieu !

Jeunes et saints, Charlotte Bricout, Clémence Pasquier et Thomas Gaudin, CRER/Bayard, 80 pages, 12,50 €

Esclave, coiffeur puis ami des pauvres

Pierre Toussaint (1766-1853) était esclave à Saint-Domingue. Après avoir été affranchi, il est devenu le coiffeur le plus connu de New York et a consacré sa vie aux pauvres et anciens esclaves. Découvre son histoire en BD.

Pierre Toussaint, d'esclave à bienfaiteur, collection « Les chercheurs de Dieu », Bayard Jeunesse, 72 pages, 13,90 €

LE SAVAIS-TU ? C'est un saint, Nicolas, qui a inspiré le Père Noël. Saint Nicolas est le patron des enfants. Il vivait dans l'actuelle Turquie, au 4e siècle. Il était évêque de la ville de Myre. On le représente souvent avec une grande barbe blanche et vêtu de rouge. On le fête le 6 décembre. Dans l'est et le nord de la France, les enfants sages reçoivent un cadeau ce jour-là.

Illustration : Adobestock

À VOUS LA PAROLE !

« Je suis ravie de commencer mon année de CM2 avec *Prions en Église Junior*. Merci ! »

Romane, 10 ans

Merci, Romane, pour ta lettre !

Ton enthousiasme pour Prions en Église Junior *fait plaisir à lire. Et si, ensemble, nous confiions à Jésus cette année scolaire ?*

« Je fais du caté avec l'école. Je suis aussi enfant de chœur. L'année prochaine, je ferai ma profession de foi. Merci *Prions en Église Junior* ! »

Marthe, 10 ans

Merci, Marthe, pour ton joli dessin et ta lettre !

Ta vie chrétienne est bien riche. Et ta profession de foi sera bientôt une nouvelle étape, où tu pourras dire avec toute l'Église « Je crois ». Qu'elle t'aide à continuer de grandir dans la foi !

UN MESSAGE, UNE PRIÈRE, UN DESSIN, UNE PHOTO, C'EST PAR ICI !

Chère rédaction, ...

....

....

....

Pour les photos, n'oublie pas de joindre une autorisation signée de tes parents !

Remplis ce coupon recto verso, mets-le dans une enveloppe timbrée et envoie-le à :
Prions en Église Junior,
18, rue Barbès,
92 128 Montrouge Cedex.
Ou à : prionseneglisejunior@groupebayard.com

« Peux-tu me raconter la vie de mon saint patron ? »
Baptiste, 10 ans

Cher Baptiste,
Tu portes le « surnom » de saint Jean Baptiste : « le Baptiste », parce qu'il baptisait les nombreuses personnes qui le suivaient.
Ce très grand saint a reconnu la grandeur de Jésus :
« Il faut que Jésus grandisse et que je diminue. »
Tu peux en savoir plus en lisant pages 66-67.

« Pourquoi sommes-nous tous les enfants de Dieu ? »
Clémentine, 9 ans

Merci, Clémentine, pour ton joli dessin de la crèche et ta question !
Jésus est venu au milieu de nous pour nous montrer l'amour infini de Dieu pour tous ses enfants.
Car, oui, Dieu nous aime tous !
Bonne préparation de ton cœur à Noël !

MON NOM : ....

MON PRÉNOM : ....

MA DATE DE NAISSANCE : ....

MON ADRESSE : ....

....

N'oublie pas d'indiquer ton adresse complète si tu veux recevoir une réponse.

« Je voudrais savoir comment prier Dieu... »

Adélie, 10 ans

« Je prie Dieu à la messe, au caté ou à la maison, dans ma chambre, mais aussi dans un parc. En fait, quand je veux. »

Estelle, 10 ans

« Il y a des fois où je ne sais pas quoi dire. C'est quand j'ai fini ma prière que j'ai quelque chose qui me vient ! »

Isaure, 9 ans

Augustin, 9 ans

« Après avoir fait le signe de croix, je dis les choses qui se sont mal passées et je demande pardon. Je dis les choses qui se sont bien passées et je demande à ce que ça recommence le lendemain ! »

Jean-Baptiste, 8 ans

« Parfois je prie dans la nature. Je fais un signe de croix, je ferme les yeux et j'écoute la nature. Je dis merci pour la Création. »

Jeanne, 8 ans

« Je joins les mains, je fais le signe de croix et ensuite je récite un Notre Père, un Je vous salue Marie. Et si on connaît des personnes qui sont malades, on peut prier pour elles en disant : "S'il te plaît mon Dieu, fais qu'elles guérissent." »

TU AS DES QUESTIONS, SUR LA PRIÈRE, SUR LA FOI, SUR JÉSUS ? ÉCRIS-NOUS !

Propos recueillis par Frédéric Pascal et Clotilde Pruvôt. Photos : D. R.

À Notre-Dame de Fourvière

Sur les hauteurs de Lyon, Notre-Dame de Fourvière veille sur la ville depuis le 19e siècle. Chaque 8 décembre, les habitants montent à la basilique avec des lumignons pour remercier la Vierge Marie de sa protection. C'est la fête des Lumières.

Illustrations : Claire le Meil

MA SEMAINE

Lundi 31 octobre

Saint Quentin

Qu'est-ce que j'ai envie de faire pendant les vacances ?

....

....

Mardi 1er novembre

Fête de tous les saints

En cette fête de la Toussaint, je prie mon saint patron.

....

Mercredi 2 novembre

Commémoration des défunts

C'est le jour pour se souvenir des morts. J'écris le prénom de quelqu'un que je connais et qui est décédé : ....

Jeudi 3 novembre

Saint Hubert

Ma journée était :

- ☐ vraiment drôle
- ☐ trop dure
- ☐ bien

Vendredi 4 novembre

Sainte Jessica

Quand je suis en colère, comment est-ce que j'arrive à me calmer ?

....

....

Samedi 5 novembre

Sainte Élise

Qu'est-ce qui m'a rendu joyeux/joyeuse aujourd'hui ?..............................

....

....

Dimanche 6 novembre

Saint Léonard

Je lis l'évangile pages 22-23. J'écris un bon souvenir vécu avec quelqu'un de ma famille qui est auprès de Dieu :

....

Texte : Geneviève Pasquier

TOUSSAINT

Première lecture

Saint Jean raconte ici le moment où tous les êtres humains se réuniront devant Dieu.

Lecture de l'Apocalypse de saint Jean

Chapitre 7, versets 2 à 4 et 9 à 14

Moi, Jean, j'ai vu un ange qui montait du côté où le soleil se lève, avec le sceau qui imprime la marque du Dieu vivant; d'une voix forte, il cria aux quatre anges qui avaient reçu le pouvoir de faire du mal à la terre et à la mer : « Ne faites pas de mal à la terre, ni à la mer, ni aux arbres, avant que nous ayons marqué du sceau le front des serviteurs de notre Dieu. » Et j'entendis le nombre de ceux qui étaient marqués du sceau : ils étaient cent quarante-quatre mille, de toutes les tribus des fils d'Israël. Après cela, j'ai vu : et voici une foule immense, que nul ne pouvait dénombrer, une foule de toutes nations, tribus, peuples et langues. Ils se tenaient debout devant le Trône et devant l'Agneau, vêtus de robes blanches, avec des palmes à la main. Et ils s'écriaient d'une voix forte : « Le salut appartient à notre Dieu qui siège sur le Trône et à l'Agneau ! » Tous les anges se tenaient debout autour du Trône, autour des Anciens et des quatre Vivants; se jetant devant le Trône, face contre terre, ils se prosternèrent devant Dieu. Et ils disaient : « Amen ! Louange, gloire, sagesse et action de grâce, honneur, puissance et force à notre Dieu, pour les siècles des siècles ! Amen ! » L'un des Anciens prit alors la parole et me dit : « Ces gens vêtus de robes blanches, qui sont-ils, et d'où viennent-ils ? » Je lui répondis : « Mon seigneur, toi, tu le sais. » Il me dit : « Ceux-là viennent de la grande épreuve; ils ont lavé leurs robes, ils les ont blanchies par le sang de l'Agneau. »

Psaume 23

Voici le peuple de ceux qui cherchent ta face, Seigneur.

Au Seigneur, le monde et sa richesse,
la terre et tous ses habitants !
C'est lui qui l'a fondée sur les mers
et la garde inébranlable sur les flots.

Qui peut gravir la montagne du Seigneur
et se tenir dans le lieu saint ?
L'homme au cœur pur, aux mains innocentes,
qui ne livre pas son âme aux idoles.

Il obtient, du Seigneur, la bénédiction,
et de Dieu son Sauveur, la justice.
Voici le peuple de ceux qui le cherchent !
Voici Jacob qui recherche ta face !

Illustration : Estelle Chandelier

Deuxième lecture

Dieu a pour nous la tendresse d'un père. Son amour est si fort que nous sommes déjà avec lui.

Lecture de la première lettre de saint Jean

Chapitre 3, versets 1 à 3

Bien-aimés,
voyez quel grand amour nous a donné le Père
pour que nous soyons appelés **enfants de Dieu**
– et nous le sommes.
Voici pourquoi le monde ne nous connaît pas :
c'est qu'il n'a pas connu Dieu.
Bien-aimés, dès maintenant,
nous sommes enfants de Dieu,
mais ce que nous serons n'a pas encore été manifesté.
Nous le savons : quand cela sera manifesté,
nous lui serons semblables
car nous le verrons tel qu'il est.
Et quiconque met en lui une telle espérance
se rend pur comme lui-même est pur.

• **enfants de Dieu :** être enfant de Dieu, c'est être adopté par Dieu et le reconnaître comme notre père.

Évangile

On appelle ce passage les « Béatitudes », ce qui veut dire « bonheur parfait ». Cette promesse de bonheur que nous fait Jésus, tous les saints l'ont accueillie avant nous.

Évangile de Jésus Christ selon saint Matthieu

Chapitre 5, versets 1 à 12a

En ce temps-là, voyant les foules,
Jésus gravit la montagne.
Il s'assit, et ses disciples s'approchèrent de lui.
Alors, ouvrant la bouche, il les enseignait. Il disait :
« Heureux **les pauvres de cœur**,
car le royaume des Cieux est à eux.
Heureux ceux qui pleurent, car ils seront consolés.
Heureux les doux, car ils recevront la terre en héritage.
Heureux ceux qui ont faim et soif de la justice,
car ils seront rassasiés.
Heureux **les miséricordieux**,
car ils obtiendront miséricorde.
Heureux les cœurs purs, car ils verront Dieu.
Heureux les artisans de paix,
car ils seront appelés fils de Dieu.

- **les pauvres de cœur :** les pauvres de cœur sont des personnes humbles, ils se sentent petits devant Dieu et n'écrasent pas les autres.
- **les miséricordieux :** les personnes miséricordieuses savent pardonner.
- **persécutés :** être persécuté, c'est être maltraité par d'autres, sans arrêt et de manière injuste.

Heureux ceux qui sont **persécutés** pour la justice,
car le royaume des Cieux est à eux.
Heureux êtes-vous si l'on vous insulte,
si l'on vous persécute et si l'on dit faussement
toute sorte de mal contre vous, à cause de moi.
Réjouissez-vous, soyez dans l'allégresse,
car votre récompense est grande dans les cieux ! »

Ton atelier de l'Évangile

1 Dans l'évangile du jour, Jésus nous promet le bonheur.

Combien de fois le mot « heureux » est-il répété ? ....

Relie chaque groupe de personnes à sa récompense :

1. Les pauvres de cœur
2. Ceux qui pleurent
3. Les doux
4. Ceux qui ont faim et soif de justice
5. Les miséricordieux
6. Les cœurs purs
7. Les artisans de paix
8. Les persécutés pour la justice,
9. Ceux qu'on insulte et persécute à cause de Jésus,

a. leur récompense est grande dans les cieux.
b. verront Dieu.
c. seront appelés fils de Dieu.
d. recevront la terre en héritage.
e. le royaume des Cieux est à eux.
f. seront rassasiés.
g. seront consolés.
h. le royaume des Cieux est à eux.
i. obtiendront miséricorde.

Réponses : « heureux» est répété 9 fois. 1-e ; 2-g ; 3-d ; 4-f ; 5-i ; 6-b ; 7-c ; 8-h ; 9-a.

2 Dans l'évangile du jour, ta phrase préférée est :

....

....

Parce que :

....

....

3 Quelles situations te rendent heureux/heureuse ?

Entoure-les :

- → Jouer avec des copains
- → Faire du vélo
- → Aller au caté
- → Aider un ami
- → Aller à l'école

Écris pourquoi :

....

4 Dessine un moment passé avec Dieu qui t'a rendu heureux.

(Par exemple : prier dans ta chambre, aller à une messe particulière, faire ta première communion, participer à une sortie scoute...)

Autrement dit

On est content quand on fait du vélo avec ses amis, quand on retrouve quelqu'un... Mais, ici, Jésus ne parle pas de ces joies-là. Il parle de la joie de vivre avec Dieu. Être heureux, c'est avoir confiance en lui, le prier, mais aussi aider les autres... Des hommes et des femmes ont vécu cet appel de Jésus : ce sont les saints. Ils nous montrent l'exemple, comme Charles de Foucauld qui s'amusait beaucoup avant de trouver une joie plus profonde avec Jésus (lis son histoire page 109). Par sa vie, Jésus nous dit que le royaume de Dieu est là, qu'il y a de la place pour chacun.

Textes : Sophie Pelloux-Prayer, Bénédicte de Breuil. Illustration : Marcelino Truong. Photo : AdobeStock

Je me souviens

Je me rappelle quand on était ensemble.
Avant. Du temps de son vivant.
Quelquefois, je crois retrouver sa voix.
Quand son visage me revient.
Je ne sais pas le retenir,
même en fermant les yeux.
C'est loin derrière moi. Et c'est en moi, secret.
Jamais je ne l'oublierai.
Un jour d'immense fête, on se retrouvera
tous avec toi, notre Dieu.
Toi qui fais remonter de la mort
chacun de tes enfants.
Depuis que Jésus a ouvert le chemin.
Et la fête n'aura pas de fin!

32^E DIMANCHE DU TEMPS ORDINAIRE

Première lecture

Voici l'histoire de 7 frères qui croient que Dieu redonne la vie après la mort.

Lecture du deuxième livre des Martyrs d'Israël

Chapitre 7, versets 1 à 2 et 9 à 14

En ces jours-là, sept frères avaient été arrêtés avec leur mère. À coups de fouet et de nerf de bœuf, le roi **Antiocos** voulut les contraindre à manger du porc, viande interdite. L'un d'eux se fit leur porte-parole et déclara : « Que cherches-tu à savoir de nous ? Nous sommes prêts à mourir plutôt que de transgresser les lois de nos pères. » Le deuxième frère lui dit, au moment de rendre le dernier soupir : « Tu es un scélérat, toi qui nous arraches à cette vie présente, mais puisque nous mourons par fidélité à ses lois, le Roi du monde nous ressuscitera pour une vie éternelle. » Après cela, le troisième fut mis à la torture. Il tendit la langue aussitôt qu'on le lui ordonna et il présenta les mains avec intrépidité, en déclarant avec noblesse : « C'est du Ciel que je tiens ces membres, mais à cause de ses lois je les méprise, et c'est par lui que j'espère les retrouver. » Le roi et sa suite furent frappés de la grandeur d'âme de ce jeune homme qui comptait pour rien les souffrances. Lorsque celui-ci fut mort, le quatrième frère fut soumis aux mêmes sévices. Sur le point d'expirer, il parla ainsi : « Mieux vaut mourir par la main des hommes, quand on attend **la résurrection** promise par Dieu, tandis que toi, tu ne connaîtras pas la résurrection pour la vie. »

- **Antiocos :** Antiocos était un roi grec du pays des Juifs.
- **la résurrection :** la résurrection est le passage de la mort à la vie sans fin avec Dieu.

bre 2022

ume 16

u réveil, je me rassasierai de ton visage, Seigneur.

Seigneur, écoute la justice !
Entends ma plainte, accueille ma prière.
Tu sondes mon cœur, tu me visites la nuit,
tu m'éprouves, sans rien trouver.

J'ai tenu mes pas sur tes traces,
jamais mon pied n'a trébuché.
Je t'appelle, toi, le Dieu qui répond :
écoute-moi, entends ce que je dis.

Garde-moi comme la prunelle de l'œil;
à l'ombre de tes ailes, cache-moi.
Et moi, par ta justice, je verrai ta face :
au réveil, je me rassasierai de ton visage.

Deuxième lecture

Les chrétiens de Thessalonique ne doivent pas désespérer. Le Christ est au milieu d'eux, il leur donne de la force.

Lecture de la deuxième lettre de saint Paul apôtre aux Thessaloniciens

Du chapitre 2, verset 16 au chapitre 3, verset 5

Frères, que notre Seigneur Jésus Christ lui-même,
et Dieu notre Père qui nous a aimés
et nous a pour toujours donné
réconfort et bonne espérance par sa grâce,
réconfortent vos cœurs et les affermissent
en tout ce que vous pouvez faire et dire de bien.
Priez aussi pour nous, frères,
afin que la parole du Seigneur poursuive sa course,
et que, partout, on lui rende **gloire** comme chez vous.
Priez pour que nous échappions aux gens pervers et mauvais,
car tout le monde n'a pas la foi.
Le Seigneur, lui, est fidèle :
il vous affermira et vous protégera du Mal.
Et, dans le Seigneur, nous avons toute confiance en vous :
vous faites et continuerez à faire
ce que nous vous ordonnons.
Que le Seigneur conduise vos cœurs
dans l'amour de Dieu et **l'endurance** du Christ.

- **gloire :** la gloire, c'est la célébrité, l'éclat de quelque chose. Ici, c'est faire rayonner la Bonne Nouvelle de Jésus, l'annoncer avec joie.
- **l'endurance :** l'endurance, c'est la force et l'énergie que l'on a pour résister à quelque chose de fatigant ou pénible.

…mbre 2022

…ngile

…u'est-ce qui se passe après la mort ? …À l'époque de Jésus, les Juifs n'étaient pas d'accord sur ce sujet. Ils en parlent à Jésus.

Évangile de Jésus Christ selon saint Luc

Chapitre 20, versets 27 à 38

En ce temps-là, quelques **sadducéens**
– ceux qui soutiennent qu'il n'y a pas de résurrection –
s'approchèrent de Jésus et l'interrogèrent :
« Maître, Moïse nous a prescrit :
Si un homme a un frère qui meurt en laissant une épouse
mais pas d'enfant, il doit épouser la veuve
pour susciter une descendance à son frère.
Or, il y avait sept frères : le premier se maria
et mourut sans enfant ; de même le deuxième,
puis le troisième épousèrent la veuve, et ainsi tous les sept :
ils moururent sans laisser d'enfants.
Finalement la femme mourut aussi.
Eh bien, à la résurrection, cette femme-là,
duquel d'entre eux sera-t-elle l'épouse,
puisque les sept l'ont eue pour épouse ? »
Jésus leur répondit :
« Les enfants de ce monde prennent femme et mari.

• **sadducéens :** les sadducéens étaient des Juifs riches et puissants, souvent prêtres au Temple de Jérusalem.

• **aux anges :** les anges sont des messagers de Dieu.

• **le récit du buisson ardent :** dans ce récit, Dieu parle à Moïse à partir du milieu d'un buisson en feu. Tu peux lire cettre histoire dans la Bible (3e chapitre du livre de l'Exode).

Mais ceux qui ont été jugés dignes d'avoir part
au monde à venir et à la résurrection d'entre les morts
ne prennent ni femme ni mari,
car ils ne peuvent plus mourir :
ils sont semblables **aux anges**,
ils sont enfants de Dieu et enfants de la résurrection.
Que les morts ressuscitent, Moïse lui-même
le fait comprendre dans **le récit du buisson ardent**,
quand il appelle le Seigneur
le Dieu d'Abraham, Dieu d'Isaac, Dieu de Jacob.
Il n'est pas le Dieu des morts, mais des vivants.
Tous, en effet, vivent pour lui. »

Mon atelier de l'Évangile

1 Barre les mots dans la liste. Avec les lettres restantes, trouve de quoi parle Jésus dans l'évangile du jour.

- ANGE
- BUISSON
- DESCENDANCE
- JUGE
- MARI
- MOÏSE
- MORT
- RÉCIT
- SADDUCÉEN
- SEPT
- VEUVE
- VIE

S	A	D	D	U	C	E	E	N	R	E
B	U	I	S	S	O	N	S	V	A	M
M	U	R	E	C	I	T	R	E	N	O
A	V	R	J	U	G	E	E	U	G	I
R	I	S	E	P	T	C	T	V	E	S
I	E	I	O	M	O	R	T	E	N	E
D	E	S	C	E	N	D	A	N	C	E

Jésus parle donc de : _ _ _ _ _ _ _ _ _ _ _ _ _ _ _ _

Réponse : Résurrection.

2 La résurrection, qu'est-ce que c'est ?

Entoure les réponses qui te conviennent le mieux et ajoutes-en une si tu le souhaites.

- Vivre, même après la mort
- Découvrir que Dieu m'aime
- Retrouver les gens qu'on aime
- Croire que Jésus est toujours vivant
- Devenir des anges
- Croire que Dieu est du côté de la vie
- _ _ _ _ _ _ _ _ _ _ _ _ _ _ _ _

3 Croire en la résurrection, ça te rend...

Colorie l'étape du feu qui te convient le mieux.

... indifférent : ça ne m'intéresse pas tellement.

... rassuré : mourir, ce n'est pas pour tout de suite.

... heureux : croire en la résurrection, ça me fait vivre !

4 Dans ton entourage, tu connais sûrement des personnes qui sont mortes. Elles sont maintenant auprès de Dieu. Mais notre amour pour elles vit toujours !

Écris le prénom de chaque personne pour dire que tu penses toujours à elles :

_ _

Autrement dit

Sans doute es-tu triste quand tu penses aux personnes que tu aimes qui sont décédées : un grand-père, une grand-mère... T'es-tu déjà demandé ce qu'il y a après la mort ? Jésus ne donne pas toutes les clés de ce mystère, mais il nous montre que ceux qui nous ont quittés sont vivants d'une autre manière. C'est le mystère de la résurrection. Ils sont avec Dieu, avec Abraham, Isaac, Jacob, Moïse. Nous pouvons garder, dans nos cœurs, le souvenir vivant de ceux qui nous ont quittés et prier pour eux. Et eux prient Dieu pour nous.

Textes : Sophie Pelloux-Prayer, Thibault Van Den Driessche. Illustrations : Marcelino Truong, Estelle Chandelier. Photos : Adobestock

Zélie réconfortée au Pèlerinage du Ciel

« Je suis Zélie, j'ai 11 ans. Avec ma famille, j'ai participé à un Pèlerinage du Ciel, à Notre-Dame de Montligeon (Orne). Dans ce sanctuaire, on prie spécialement pour les personnes mortes. »

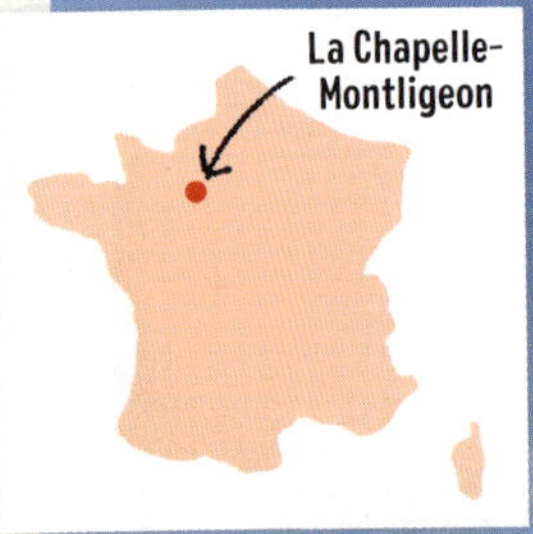

UNE BASILIQUE LUMINEUSE

À NOTRE-DAME DE MONTLIGEON, IL Y A CHAQUE WEEK-END DE NOVEMBRE UN PÈLERINAGE POUR PRIER POUR LES MORTS. L'an dernier, mes parents nous ont proposé d'y aller. J'avais envie de voir comment ça se passait. J'ai beaucoup aimé la basilique parce qu'elle est très lumineuse, les vitraux sont très colorés et la grande statue de la Sainte Vierge au centre de l'église Notre-Dame-libératrice est très belle.

J'AI PRIÉ POUR MON PARRAIN DÉCÉDÉ

À LA VEILLÉE DU SAMEDI SOIR, NOUS AVONS RÉCITÉ LE CHAPELET et, ensuite, tout le monde s'est avancé pour déposer une bougie en souvenir d'une personne défunte. J'ai trouvé que c'était beau. En posant ma bougie, j'ai pensé à mon parrain Yves, qui est mort il y a deux ans. Il avait l'âge de mon papa. Il me manque. J'ai été émue en m'avançant vers l'autel.

LA MESSE POUR LES MORTS

LE DIMANCHE, C'ÉTAIT LA MESSE POUR LES DÉFUNTS. Je me souviens du chant *Notre-Dame-libératrice* qui est la prière de Notre-Dame de Montligeon. À la fin, j'ai vu maman s'avancer avec d'autres personnes pour faire sa promesse. Ça veut dire qu'elle s'engage à prier pour les âmes du purgatoire tous les jours. C'était touchant. Les âmes du purgatoire, ce sont les âmes qui ne peuvent pas encore aller au Paradis mais qui s'y préparent. Je prie quelquefois pour elles.

Propos recueillis par Faustine Fayette. Photos : D. R., Sanctuaire de Montligeon

MA SEMAINE

Lundi 7 novembre

Sainte Karine

C'est la rentrée : comment se sont passées mes vacances ?

☺ 😐 ☹

Mardi 8 novembre

Saint Geoffroy

Je fais silence
dans mon cœur.
Je répète
le nom de Jésus.

Mercredi 9 novembre

Saint Théodore

Qui ai-je fait sourire aujourd'hui ?

....

....

Jeudi 10 novembre

Saint Léon

Mon sport préféré, c'est ....

....

....

....

Vendredi 11 novembre

Saint Martin de Tours

Je confie ma famille à Jésus.

J'écris le prénom de chacun :

....

....

Samedi 12 novembre

Saint Christian

Je repense à ma journée.

Jésus, merci pour ....

....

....

Dimanche 13 novembre

Saint Brice

Je lis l'évangile pages 32-33 et je fais l'atelier (pages 34-35).
Je note une situation où j'ai senti Dieu à mes côtés :

....

Texte : Geneviève Pasquier

33E DIMANCHE DU TEMPS ORDINAIRE

Première lecture

Le jour où le Seigneur viendra, tout deviendra lumineux, dit ici le prophète Malachie.

Lecture du livre du prophète Malachie

Chapitre 3, versets 19 à 20a

Voici que vient le jour du Seigneur,
brûlant comme la fournaise.
Tous **les arrogants**,
tous ceux qui commettent **l'impiété**,
seront de la paille.
Le jour qui vient les consumera,
– dit le Seigneur de l'univers –,
il ne leur laissera ni racine ni branche.
Mais pour vous qui craignez **mon nom**,
le Soleil de justice se lèvera :
il apportera la guérison dans son rayonnement.

Illustration : Bodin

- **les arrogants :** les arrogants sont orgueilleux, fiers, insolents.
- **l'impiété :** l'impiété est l'attitude de celui qui se moque de la religion.
- **mon nom :** dans la Bible, le « Nom » est une manière de désigner Dieu sans le nommer.

Psaume 97

Il vient, le Seigneur, gouverner les peuples avec droiture.

Jouez pour le Seigneur sur la cithare,
sur la cithare et tous les instruments;
au son de la trompette et du cor,
acclamez votre roi, le Seigneur !

Que résonnent la mer et sa richesse,
le monde et tous ses habitants;
que les fleuves battent des mains,
que les montagnes chantent leur joie.

Acclamez le Seigneur, car il vient
pour gouverner la terre,
pour gouverner le monde avec justice
et les peuples avec droiture !

Illustration : Delphine Renon

Deuxième lecture

**Parmi les premiers chrétiens, certains attendaient le retour de Jésus Christ sans rien faire.
Saint Paul leur dit : « Travaillez ! »**

Lecture de la deuxième lettre de saint Paul apôtre aux Thessaloniciens

Chapitre 3, versets 7 à 12

Frères, vous savez bien, vous,
ce qu'il faut faire pour nous imiter.
Nous n'avons pas vécu parmi vous de façon désordonnée;
et le pain que nous avons mangé,
nous ne l'avons pas reçu gratuitement.
Au contraire, dans la peine et la fatigue, nuit et jour,
nous avons travaillé pour n'être à la charge
d'aucun d'entre vous.
Bien sûr, nous avons le droit d'être à charge,
mais nous avons voulu être pour vous un modèle à imiter.
Et quand nous étions chez vous,
nous vous donnions cet ordre :
si quelqu'un ne veut pas travailler,
qu'il ne mange pas non plus.
Or, nous apprenons que certains d'entre vous mènent
une vie déréglée, **affairés** sans rien faire.
À ceux-là, nous adressons dans le Seigneur Jésus Christ
cet ordre et cet appel : qu'ils travaillent dans le calme
pour manger le pain qu'ils auront gagné.

• **affairés :** être affairé, c'est être occupé ou agité.

Évangile

Jésus annonce à ses disciples que son retour à la fin des temps n'est pas pour tout de suite. Mais c'est promis : il sera avec eux dans les moments difficiles.

Évangile de Jésus Christ selon saint Luc

Chapitre 21, versets 5 à 19

En ce temps-là, comme certains disciples parlaient **du Temple**,
des belles pierres et des ex-voto qui le décoraient,
Jésus leur déclara :
« Ce que vous contemplez, des jours viendront
où il n'en restera pas pierre sur pierre : tout sera détruit. »
Ils lui demandèrent : « Maître, quand cela arrivera-t-il ?
Et quel sera le signe que cela est sur le point d'arriver ? »
Jésus répondit : « Prenez garde de ne pas vous laisser égarer,
car beaucoup viendront sous mon nom,
et diront : "C'est moi", ou encore : "Le moment est tout proche."
Ne marchez pas derrière eux ! Quand vous entendrez parler
de guerres et de désordres, ne soyez pas terrifiés :
il faut que cela arrive d'abord, mais ce ne sera pas aussitôt la fin. »
Alors Jésus ajouta :
« On se dressera nation contre nation, royaume contre royaume.
Il y aura de grands tremblements de terre et, en divers lieux,
des famines et des épidémies; des phénomènes effrayants
surviendront, et de grands signes venus du ciel.

- **du Temple :** le Temple de Jérusalem est, pour les Juifs, la maison de Dieu.
- **des famines :** la famine, c'est quand tout un peuple n'a plus rien à manger.
- **aux synagogues :** la synagogue est le lieu de prière des Juifs. Être livré « aux synagogues » signifie ici être dénoncé aux chefs religieux juifs.

Mais avant tout cela, on portera la main sur vous
et l'on vous persécutera;
on vous livrera **aux synagogues** et aux prisons,
on vous fera comparaître devant des rois et des gouverneurs,
à cause de mon nom. Cela vous amènera à rendre témoignage.
Mettez-vous donc dans l'esprit que vous n'avez pas
à vous préoccuper de votre défense.
C'est moi qui vous donnerai un langage
et une sagesse à laquelle tous vos adversaires
ne pourront ni résister ni s'opposer.
Vous serez livrés même par vos parents, vos frères, votre famille
et vos amis, et ils feront mettre à mort certains d'entre vous.
Vous serez détestés de tous, à cause de mon nom.
Mais pas un cheveu de votre tête ne sera perdu.
C'est par votre persévérance que vous garderez votre vie. »

Mon atelier de l'Évangile

1 D'après l'évangile du jour, quelle qualité nous garde en vie ?

Résous cette charade pour la découvrir.

1. Mon premier se dit aussi pour « papa ».
2. Mon deuxième est la troisième lettre de l'alphabet.
3. En mélangeant du jaune et du bleu, tu obtiens mon troisième.
3. Mon quatrième est la partie d'un sac ou d'un panier, qui permet de le porter.

Mon tout est un mot de la dernière phrase de l'évangile du jour. C'est la qualité de quelqu'un qui continue, qui n'abandonne pas.

Réponse : _ _ _ _ _ _ _ _ _ _ _ _ _ _ _ _ _ _

Réponse : père, C, vert, anse. C'est la « persévérance ».

2 Après avoir lu cet évangile, comment te sens-tu ?

Coche les réponses qui te correspondent et ajoute en d'autres, si tu veux.

- ☐ Terrifié
- ☐ Triste
- ☐ Rassuré
- ☐ Énervé
- ☐ ....
- ☐ ....

3 Des choses difficiles peuvent survenir dans notre vie.

Tu peux confier à Dieu une situation qui te semble difficile en ce moment.

Mon Dieu, donne-moi du courage pour :

....

4 Jésus dit : « Pas un cheveu de votre tête ne sera perdu. »

Dessine des cheveux sur la tête du bonhomme. Puis trouve des synonymes du mot « amour » que tu peux écrire tout autour.

Autrement dit

Parfois, on peut avoir peur, être inquiet... On se demande si Dieu va nous aider. Dans cet évangile, Jésus nous invite à ne pas nous décourager. Même si croire en Dieu ne nous protège pas des difficultés, Jésus dit qu'il ne nous abandonnera jamais : « Pas un cheveu de votre tête ne sera perdu. » Une drôle de phrase pour nous dire qu'aux yeux de Dieu, nous sommes précieux des pieds à la tête et que son amour sera toujours là pour nous sauver.

Textes : Sophie Pelloux-Prayer, Patricia Metzger. Illustrations : Marcelino Truong, Estelle Chandelier. Photos : Adobestock

Visite une église

La porte et le parvis

Entrer dans une église, c'est tout un chemin :
tu arrives d'abord sur le parvis puis tu franchis la porte.
Bienvenue dans la maison de Dieu !

LA PORTE

Même si les églises sont différentes les unes des autres, elles ont toutes une grande porte pour accueillir celles et ceux qui viennent prier. Cette porte est parfois décorée, parfois très simple. Et, dans les églises modernes, elle peut être en verre.

LE TYMPAN

Au-dessus de la porte, il y a parfois un « tympan » : réalisé en peinture ou en sculpture, il représente un épisode de la Bible, ou le saint dont l'église porte le nom.

LE PARVIS

Le parvis est la place devant l'église. Peut-être y as-tu déjà acclamé des mariés à la sortie d'un mariage ? C'est aussi là que l'assemblée se réunit à Pâques pour allumer un grand feu. Autrefois, des spectacles avaient lieu sur le parvis.

Le mot « parvis » vient du grec « paradeisos ». C'est la même origine que « paradis » !

Ouvre grand
les yeux !
Compare deux
ou trois églises
près de chez toi.
Regarde leur façade.
Note tous les détails
qui changent.

Texte : Frédéric Pascal. Illustration : Laurent Stefano

MA SEMAINE

Lundi 14 novembre

Sainte Sidonie

Qui sont les personnes qui me parlent de Jésus ?

....

....

Mardi 15 novembre

Saint Léopold

Quel pardon ai-je à demander ?

Seigneur, pardon pour ....

....

....

Mercredi 16 novembre

Sainte Gertrude

Aujourd'hui, je me suis amusé(e) avec ....

....

....

Jeudi 17 novembre

Sainte Élisabeth de Hongrie

Je dessine un arc-en-ciel si je vais bien, des nuages si cela va moins bien.

Vendredi 18 novembre

Saint Tanguy

Qu'est-ce qui m'a plu aujourd'hui ? ....

....

....

Samedi 19 novembre

Saint Eudes

J'écris une de mes activités de ce week-end : ....

....

....

Dimanche 20 novembre

Le Christ Roi de l'univers

Je lis l'évangile pages 42-43 et je fais l'atelier de l'évangile (pages 44-45). Je réfléchis : Jésus est-il le roi de mon cœur ?

....

Texte : Geneviève Pasquier

LE CHRIST ROI DE L'UNIVERS

Première lecture

David est le roi qui a rassemblé toutes les tribus d'Israël. Pour les chrétiens, Jésus est le roi qui rassemble tous les peuples de la terre.

Lecture du deuxième livre de Samuel

Chapitre 5, versets 1 à 3

En ces jours-là, toutes les tribus d'Israël
vinrent trouver **David** à Hébron et lui dirent :
« Vois ! Nous sommes de tes os et de ta chair.
Dans le passé déjà, quand Saül était notre roi,
c'est toi qui menais Israël en campagne et le ramenais,
et le Seigneur t'a dit :
"Tu seras le berger d'Israël mon peuple,
tu seras le chef d'Israël." »
Ainsi, tous les anciens d'Israël
vinrent trouver le roi à Hébron.
Le roi David fit alliance avec eux,
à Hébron, devant le Seigneur.
Ils donnèrent **l'onction** à David
pour le faire roi sur Israël.

- **David :** David était un jeune berger. Dieu l'a choisi pour être le futur roi d'Israël.
- **l'onction :** donner l'onction, c'est mettre de l'huile parfumée sur le front d'une personne pour la consacrer à Dieu.

Psaume 121

Dans la joie, nous irons à la maison du Seigneur.

Quelle joie quand on m'a dit :
« Nous irons à la maison du Seigneur ! »
Maintenant notre marche prend fin
devant tes portes, Jérusalem !

Jérusalem, te voici dans tes murs :
ville où tout ensemble ne fait qu'un !
C'est là que montent les tribus, les tribus du Seigneur,
là qu'Israël doit rendre grâce au nom du Seigneur.

C'est là le siège du droit,
le siège de la maison de David.
Appelez le bonheur sur Jérusalem :
« Paix à ceux qui t'aiment ! »

Illustration : Delphine Renon

Deuxième lecture

Pour saint Paul, Jésus est vraiment au centre du monde et de la vie des hommes, il est Dieu parmi nous.

Lecture de la lettre de saint Paul apôtre aux Colossiens

Chapitre 1, versets 12 à 20

Frères, rendez grâce à Dieu le Père, qui vous a rendus
capables d'avoir part à **l'héritage** des saints,
dans la lumière. Nous arrachant au pouvoir des ténèbres,
il nous a placés dans le Royaume de son Fils bien-aimé :
en lui nous avons la rédemption, le pardon des péchés.
Il est l'image du Dieu invisible, le premier-né,
avant toute créature : en lui, tout fut créé,
dans le ciel et sur la terre. Les êtres visibles et invisibles,
Puissances, Principautés, Souverainetés, Dominations,
tout est créé par lui et pour lui.
Il est avant toute chose, et tout subsiste en lui.
Il est aussi la tête du corps, la tête de l'Église :
c'est lui le commencement, le premier-né d'entre les morts,
afin qu'il ait en tout **la primauté**.
Car Dieu a jugé bon qu'habite en lui toute plénitude
et que tout, par le Christ, lui soit enfin réconcilié,
faisant la paix par le sang de sa Croix,
la paix pour tous les êtres sur la terre et dans le ciel.

- **l'héritage :** l'héritage, ce sont les biens (argent, objets, meubles, maison...) que les enfants se partagent après la mort de leurs parents.
- **la primauté :** la primauté, c'est la première place.

Découvre aussi l'évangile de ce dimanche en BD page 46.

Évangile

Jésus meurt mais croit que son Père le ressuscitera. Il montre ainsi qu'il est le roi de la vie.

Évangile de Jésus Christ selon saint Luc

Chapitre 23, versets 35 à 43

En ce temps-là, on venait de crucifier Jésus,
et le peuple restait là à observer.
Les chefs tournaient Jésus en dérision et disaient :
« Il en a sauvé d'autres : qu'il se sauve lui-même,
s'il est **le Messie** de Dieu, l'Élu ! »
Les soldats aussi se moquaient de lui; s'approchant,
ils lui présentaient de la boisson vinaigrée, en disant :
« Si tu es le roi des Juifs, sauve-toi toi-même ! »
Il y avait aussi une inscription au-dessus de lui :
« Celui-ci est le roi des Juifs. »
L'un des malfaiteurs suspendus en croix l'injuriait :
« N'es-tu pas le Christ ? Sauve-toi toi-même, et nous aussi ! »
Mais l'autre lui fit de vifs reproches :
« Tu ne crains donc pas Dieu !
Tu es pourtant un condamné, toi aussi !
Et puis, pour nous, c'est juste : après ce que nous avons fait,
nous avons ce que nous méritons.
Mais lui, il n'a rien fait de mal. »
Et il disait : « Jésus, souviens-toi de moi
quand tu viendras dans ton Royaume. »
Jésus lui déclara : « Amen, je te le dis :
aujourd'hui, avec moi, tu seras dans le Paradis. »

- **le Messie :** le mot « Messie » veut dire « envoyé pour une mission ».

Illustration : Marcelino Truong

Mon atelier de l'Évangile

1 Retrouve toutes les personnes citées dans l'évangile.

Écris leur nom, en respectant l'ordre dans lequel elles apparaissent dans l'évangile.

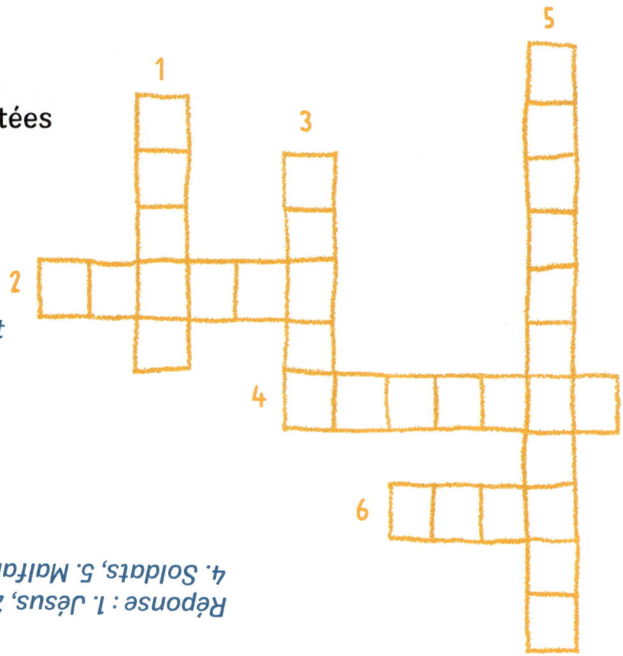

Réponse : 1. Jésus, 2. Peuple, 3. Chefs, 4. Soldats, 5. Malfaiteurs, 6. Dieu.

2 Dans ce texte, tu te sens plus proche…

- ☐ de Jésus, qui souffre sur la croix
- ☐ de la foule qui observe
- ☐ des chefs et des soldats qui se moquent
- ☐ du malfaiteur qui prend la défense de Jésus

3 Jésus dit non à la violence, même à la récré.

Dans cette scène, dessine :
- un soleil à côté de la personne qui souffre,
- une bouche à côté des moqueurs,
- un bouclier à côté de celui qui défend.

4 Tu peux confier à Jésus des personnes de ton entourage qui souffrent.

Écris le prénom de chacune de ces personnes.

Jésus, je te confie _

_ _

Autrement dit

Au temps de Jésus, les rois habitaient dans un palais, étaient richement habillés, entourés de centaines de serviteurs et de gardes. Jésus n'est pas ce genre de roi : son trône, c'est la croix, et sa couronne est faite d'épines. Alors qu'on le maltraite, il ne répond pas par la violence. Il montre qu'il est un roi d'amour, un roi que tout le monde peut rencontrer, même les malfaiteurs. Jésus aime et partage l'amour que Dieu lui donne. Le jour de ton baptême, tu deviens un peu roi ou reine comme Jésus, car tu fais partie de sa famille !

Textes : Sophie Pelloux-Prayer, père Cédric Kuntz. Illustrations : Marcelino Truong, Estelle Chandelier. Photos : Adobestock

Le bon larron

Crucifié avec Jésus, un malfaiteur, que l'on appelle le « bon larron », reconnaît que Jésus est un roi.

Texte : Sophie Pelloux-Prayer, d'après Lc 20, 27-38. Illustrations : Stéphanie Rubini

MA SEMAINE

Lundi 21 novembre

Fête de la Présentation de la Vierge Marie

Mon repas préféré, c'est ....

....

....

Mardi 22 novembre

Sainte Cécile

Cécile est la sainte patronne des musiciens. Qui est-ce que j'aime écouter chanter ?

....

Mercredi 23 novembre

Saint Clément

Y a-t-il un ami que je veux confier à Jésus ? J'écris son prénom :

....

Jeudi 24 novembre

Sainte Flora

Je repense à ma journée.

Jésus, merci pour ....

....

....

Vendredi 25 novembre

Sainte Catherine d'Alexandrie

Aujourd'hui, je suis :

- ☐ gai comme un pinson
- ☐ muet comme une carpe
- ☐ bavard comme une pie

Samedi 26 novembre

Saint Conrad

Comment s'est passée ma semaine ?

Dimanche 27 novembre

Sainte Astrid

Aujourd'hui, l'Avent commence : pendant ces quatre semaines avant Noël, comment puis-je me préparer à la venue de Jésus ? Avec mes parents, j'allume une bougie sur la couronne de l'Avent.

Texte : Geneviève Pasquier

1ER DIMANCHE DE L'AVENT

Première lecture

Voici un chant d'espoir écrit par Isaïe, il y a 2700 ans. Un jour, dit ce prophète, Dieu fera régner la paix sur toute la terre.

Lecture du livre du prophète Isaïe

Chapitre 2, versets 1 à 5

Parole d'Isaïe, – ce qu'il a vu au sujet de **Juda**
et de Jérusalem. Il arrivera dans les derniers jours
que la montagne de la maison du Seigneur se tiendra
plus haut que les monts, s'élèvera au-dessus des collines.
Vers elle afflueront toutes les nations
et viendront des peuples nombreux. Ils diront :
« Venez ! montons à la montagne du Seigneur,
à la maison du Dieu de **Jacob** ! Qu'il nous enseigne ses chemins,
et nous irons par ses sentiers. »
Oui, la loi sortira de Sion,
et de Jérusalem, la parole du Seigneur.
Il sera juge entre les nations et l'arbitre de peuples nombreux.
De leurs épées, ils forgeront **des socs**,
et de leurs lances, des faucilles.
Jamais nation contre nation ne lèvera l'épée;
ils n'apprendront plus la guerre.
Venez, maison de Jacob ! Marchons à la lumière du Seigneur.

- **Juda :** le peuple d'Israël était divisé en deux. Au nord, il y avait le royaume d'Israël, et au sud, le royaume de Juda, avec Jérusalem comme capitale.
- **Jacob :** Jacob est l'ancêtre des douze tribus d'Israël. Il est le petit-fils d'Abraham. La Bible donne parfois le nom de Jacob au peuple d'Israël.
- **des socs :** le soc est la lame coupante de la charrue pour labourer.

Psaume 121

Dans la joie, nous irons à la maison du Seigneur.

Quelle joie quand on m'a dit :
« Nous irons à la maison du Seigneur ! »
Maintenant notre marche prend fin
devant tes portes, Jérusalem !

Jérusalem, te voici dans tes murs :
ville où tout ensemble ne fait qu'un !
C'est là que montent les tribus,
les tribus du Seigneur.

C'est là qu'Israël doit rendre grâce
au nom du Seigneur.
C'est là le siège du droit,
le siège de la maison de David.

Appelez le bonheur sur Jérusalem :
« Paix à ceux qui t'aiment !
Que la paix règne dans tes murs,
le bonheur dans tes palais ! »

À cause de mes frères et de mes proches,
je dirai : « Paix sur toi ! »
À cause de la maison du Seigneur notre Dieu,
je désire ton bien.

Illustration : Clotilde Perrin

Deuxième lecture

Ce n'est pas le moment de dormir, dit saint Paul. Battez-vous pour vivre en chrétiens. Votre armure ? C'est Jésus.

Lecture de la lettre de saint Paul apôtre aux Romains

Chapitre 13, versets 11 à 14a

Frères, vous le savez : c'est le moment,
l'heure est venue de sortir de votre sommeil.
Car le salut est plus près de nous maintenant
qu'à l'époque où nous sommes devenus croyants.
La nuit est bientôt finie, le jour est tout proche.
Rejetons les œuvres **des ténèbres**,
revêtons-nous des armes de la lumière.
Conduisons-nous honnêtement,
comme on le fait en plein jour,
sans **orgies** ni beuveries,
sans luxure ni débauches,
sans rivalité ni jalousie,
mais revêtez-vous du Seigneur Jésus Christ.

- **des ténèbres :** les ténèbres sont l'absence totale de lumière.
- **orgies :** orgies, beuveries, luxure et débauches sont des synonymes pour décrire une vie où les plaisirs éloignent de Dieu.

Évangile

Jésus parle du moment où il viendra régner pour toujours. Personne ne sait si ce sera bientôt. Jésus dit seulement : « Veillez ! »

Évangile de Jésus Christ selon saint Matthieu

Chapitre 24, versets 37 à 44

En ce temps-là, Jésus disait à ses disciples :
« Comme il en fut aux jours de Noé,
ainsi en sera-t-il lors de **la venue du Fils de l'homme**.
En ces jours-là, avant **le déluge,** on mangeait et on buvait,
on prenait femme et on prenait mari,
jusqu'au jour où Noé entra dans l'arche;
les gens ne se sont doutés de rien,
jusqu'à ce que survienne le déluge qui les a tous engloutis :
telle sera aussi la venue du Fils de l'homme.
Alors deux hommes seront aux champs :
l'un sera pris, l'autre laissé.
Deux femmes seront au moulin en train de moudre :
l'une sera prise, l'autre laissée.
Veillez donc, car vous ne savez pas
quel jour votre Seigneur vient.

- **la venue du Fils de l'homme :** Jésus utilise souvent l'expression « le Fils de l'homme » pour parler de lui. La « venue du Fils de l'homme », c'est le retour de Jésus Christ à la fin des temps.
- **le déluge :** le déluge fait référence à un épisode de la Bible (chapitres 6 à 8 du livre de la Genèse) où Dieu demande à Noé de construire une arche, un grand bateau, pour sauver les hommes et les animaux du déluge.

Comprenez-le bien :
si le maître de maison avait su à quelle heure de la nuit
le voleur viendrait, il aurait veillé
et n'aurait pas laissé percer le mur de sa maison.
Tenez-vous donc prêts, vous aussi :
c'est à l'heure où vous n'y penserez pas
que le Fils de l'homme viendra. »

Illustration : Marcelino Truong

Mon atelier de l'Évangile

1 Vrai ou faux ?

À l'aide de l'évangile du jour, indique si ces phrases sont vraies ou fausses :

→ Avant le déluge, les gens se préparaient pour ne pas être engloutis.

→ Jésus compare le déluge et l'arche de Noé à la venue du Fils de l'homme.

→ Dans les exemples donnés par Jésus, deux hommes sont au moulin et deux femmes sont aux champs.

→ Jésus nous donne des indications sur le jour et l'heure où il reviendra, triomphant.

→ Jésus nous demande d'être prêts, à chaque instant, à accueillir Dieu.

Réponse : faux, vrai, faux, faux, vrai.

2 Après la lecture de cet évangile, te sens-tu plutôt stressé ou plutôt confiant ?

Colorie la barre en fonction de ce que tu ressens.

Stressé

Confiant

3 Et toi, à l'école, quand le maître annonce une interro surprise, quelle est ta réaction ?

Colorie l'élève qui te ressemble le plus.

4 Jésus dit : « Tenez-vous prêts. »
Comment peux-tu te préparer à Noël ?

Entoure ce qui t'aide à te préparer à la naissance de Jésus.

Mettre la table

Rendre visite à une voisine seule

Jouer avec mes frères et sœurs

Allumer la première bougie de l'Avent

Consoler un copain qui est triste

Faire un beau dessin et le donner

Autrement dit

On préfère parfois aller jouer avec les copains plutôt que de faire ses devoirs. Au temps de Noé, les gens étaient comme ça : ils pensaient à manger et à boire, sans se douter que le déluge allait arriver. Sauf Noé qui, en gardant un cœur attentif, a entendu l'avertissement de Dieu, puis construit l'arche. Dans cet évangile, Jésus nous demande de rester éveillés et de préparer notre cœur, comme Noé a préparé l'arche, pour accueillir le Fils de Dieu dans la nuit de Noël.

Textes : Sophie Pelloux-Prayer, Patricia Metzger. Illustrations : Marcelino Truong, Estelle Chandelier. Photos : Adobestock

Mon temps de l'Avent

- Aujourd'hui, c'est le début de l'Avent !
"Avent" veut dire "Venue". C'est le moment où les chrétiens se préparent à célébrer la naissance de Jésus.
Dans quatre semaines, c'est Noël ! J'ai hâte !

- Depuis que je vais au caté, mes parents m'offrent un calendrier de l'Avent avec des cartes.
Sur chaque carte, il y a une phrase de la Bible qui m'aide à prier et à découvrir qui est Jésus.
J'en lis une chaque jour.

- Sur la carte que j'aime le plus, il est écrit :
« Qui regarde vers Dieu resplendira,
sans ombre ni trouble au visage. »
Ça vient du psaume 33. C'est comme un poème.

- Pour nous, les chrétiens, Jésus est comme une lumière.
L'Avent, c'est l'occasion de découvrir un peu plus de quelle manière Jésus nous éclaire tous les jours.
C'est pour ça que j'aime lire une phrase de la Bible.
Ça m'aide à prier.

Texte : Laure de Chérisey. Illustration : Anne Ardichvili

- Petit à petit, la maison se prépare, elle aussi, à fêter Noël. Avec Maman, on a déjà installé le sapin et la crèche. Chaque jour, je fais avancer les bergers et leurs moutons.

- **J'ai aidé mon Papi Bricolo à fabriquer la couronne de l'Avent.**

D'abord, on coupe des branches de sapins. Ensuite, on les tresse autour d'une couronne de paille. Pour les fixer, on utilise du fil de fer. J'ajoute des feuilles de houx pour donner de la couleur. Enfin, on fixe quatre bougies sur la couronne. Chaque dimanche de l'Avent, on allume une bougie !

MA SEMAINE

Lundi 28 novembre

Saint Jacques de la Marche

Mon meilleur moment de la journée, c'est ....

....

....

Mardi 29 novembre

Saint Sernin

Aujourd'hui, j'ai rigolé avec

....

....

....

Mercredi 30 novembre

Saint André

Je repense à ma journée
Seigneur, aide-moi à ....

....

....

Jeudi 1er décembre

Saint Éloi

Je note la dernière chose qui m'a rendu fier/fière : ....

....

....

Vendredi 2 décembre

Sainte Viviane

Demain, je vais :

- [ ] faire de la musique
- [ ] jouer avec un ami
- [ ] aller au caté
- [ ] ....

Samedi 3 décembre

Saint François Xavier

Quel est mon personnage préféré de la crèche ?

....

....

Dimanche 4 décembre

Saint Jean de Damas

Je lis l'évangile de dimanche pages 62-63.
Avec mes parents, j'allume deux bougies sur la couronne de l'Avent.

Texte : Geneviève Pasquier

2E DIMANCHE DE L'AVENT

Première lecture

Nous sommes 700 avant Jésus, et Isaïe espère qu'un grand roi fidèle à Dieu naîtra à Jérusalem.

Lecture du livre du prophète Isaïe

Chapitre 11, versets 1 à 10

En ce jour-là, un rameau sortira de la souche de Jessé, père de David, un rejeton jaillira de ses racines. Sur lui reposera l'esprit du Seigneur : esprit de sagesse et de discernement, esprit de conseil et de force, esprit de connaissance et de crainte du Seigneur – qui lui inspirera la crainte du Seigneur. Il ne jugera pas sur l'apparence; il ne se prononcera pas sur des rumeurs. Il jugera les petits avec justice; avec droiture, il se prononcera en faveur des humbles du pays. Du bâton de sa parole, il frappera le pays; du souffle de ses lèvres, il fera mourir le méchant. La justice est la ceinture de ses hanches; la fidélité est la ceinture de ses reins. Le loup habitera avec l'agneau, le léopard se couchera près du chevreau, le veau et le lionceau seront nourris ensemble, un petit garçon les conduira. La vache et l'ourse auront même pâture, leurs petits auront même gîte. Le lion, comme le bœuf, mangera du fourrage. Le nourrisson s'amusera sur le nid du cobra; sur le trou de la vipère, l'enfant étendra la main. Il n'y aura plus de mal ni de corruption sur toute ma montagne sainte; car la connaissance du Seigneur remplira le pays comme les eaux recouvrent le fond de la mer. Ce jour-là, la racine de Jessé sera dressée comme un étendard pour les peuples, les nations la chercheront, et la gloire sera sa demeure.

Psaume 71

En ces jours-là fleurira la justice, grande paix jusqu'à la fin des temps.

Dieu, donne au roi tes pouvoirs,
à ce fils de roi ta justice.
Qu'il gouverne ton peuple avec justice,
qu'il fasse droit aux malheureux !

En ces jours-là, fleurira la justice,
grande paix jusqu'à la fin des lunes !
Qu'il domine de la mer à la mer,
et du Fleuve jusqu'au bout de la terre !

Il délivrera le pauvre qui appelle
et le malheureux sans recours.
Il aura souci du faible et du pauvre,
du pauvre dont il sauve la vie.

Que son nom dure toujours;
sous le soleil, que subsiste son nom !
En lui, que soient bénies toutes les familles de la terre;
que tous les pays le disent bienheureux !

Illustration : Pascal Lemaitre

Deuxième lecture

Dieu a envoyé Jésus auprès du peuple juif parce que Dieu est fidèle à son peuple. Mais il n'oublie pas les autres !

Lecture de la lettre de saint Paul apôtre aux Romains

Chapitre 15, versets 4 à 9

Frères, tout ce qui a été écrit à l'avance
dans les livres saints l'a été pour nous instruire,
afin que, grâce à la persévérance et au réconfort
des Écritures, nous ayons l'espérance.
Que le Dieu de la persévérance et du réconfort
vous donne d'être d'accord les uns avec les autres
selon le Christ Jésus.
Ainsi, d'un même cœur, d'une seule voix,
vous rendrez gloire à Dieu,
le Père de notre Seigneur Jésus Christ.
Accueillez-vous donc les uns les autres,
comme le Christ vous a accueillis pour la gloire de Dieu.
Car je vous le déclare : le Christ s'est fait le serviteur
des Juifs, en raison de la fidélité de Dieu,
pour réaliser les promesses faites à nos pères;
quant aux nations, c'est en raison de **sa miséricorde**
qu'elles rendent gloire à Dieu, comme le dit l'Écriture :
C'est pourquoi je proclamerai ta louange parmi les nations,
je chanterai ton nom.

• **sa miséricorde :** la miséricorde de Dieu, c'est son amour qui le pousse à pardonner.

Évangile

Jean le Baptiste prépare le terrain : il demande à tous d'attendre Jésus.

Évangile de Jésus Christ selon saint Matthieu

Chapitre 3, versets 1 à 12

En ces jours-là, paraît Jean le Baptiste, qui proclame
dans le désert de Judée : « Convertissez-vous,
car le royaume des Cieux est tout proche. »
Jean est celui que désignait la parole prononcée
par le prophète Isaïe : *Voix de celui qui crie dans le désert :*
Préparez le chemin du Seigneur, rendez droits ses sentiers.
Lui, Jean, portait un vêtement de poils de chameau,
et une ceinture de cuir autour des reins ;
il avait pour nourriture des sauterelles et du miel sauvage.
Alors Jérusalem, toute la Judée
et toute la région du Jourdain se rendaient auprès de lui,
et ils étaient baptisés par lui dans le Jourdain
en reconnaissant leurs péchés. Voyant beaucoup
de pharisiens et de sadducéens se présenter
à son baptême, il leur dit : « Engeance de vipères !
Qui vous a appris à fuir la colère qui vient ?
Produisez donc un fruit digne de la conversion.

- **de pharisiens et de sadducéens :** les pharisiens étaient des juifs qui respectaient les lois religieuses. Pour les sadducéens : lis page 22.
- **la cognée :** la cognée est une grosse hache.
- **la pelle à vanner :** la pelle à vanner servait à nettoyer les céréales.
- **son aire à battre :** c'est l'endroit plat où l'on bat les grains de blé pour les séparer de leur écorce.

N'allez pas dire en vous-mêmes :
"Nous avons Abraham pour père" ;
car, je vous le dis : des pierres que voici,
Dieu peut faire surgir des enfants à Abraham.
Déjà **la cognée** se trouve à la racine des arbres :
tout arbre qui ne produit pas de bons fruits
va être coupé et jeté au feu.
Moi, je vous baptise dans l'eau, en vue de la conversion.
Mais celui qui vient derrière moi est plus fort que moi,
et je ne suis pas digne de lui retirer ses sandales.
Lui vous baptisera dans l'Esprit Saint et le feu.
Il tient dans sa main
la pelle à vanner,
il va nettoyer
son aire à battre le blé,
et il amassera son grain
dans le grenier ;
quant à la paille,
il la brûlera au feu
qui ne s'éteint pas. »

Illustration : Marcelino Truong

Ton atelier de l'Évangile

1 Dans l'évangile du jour, beaucoup de plantes et d'animaux sont mentionnés.

Entoure ici ceux qui sont présents dans l'évangile et barre les intrus.

CHAMEAU **FRUIT** **VIPÈRES**
LOUP **HERBES**
ARBRES **GRAIN**
BLÉ **SAUTERELLES**
COLOMBE **PAILLE**
OLIVIER **RACINE**

Réponse : les intrus sont le loup, la colombe, les herbes et l'olivier.

2 Pour toi, qu'est-ce qui est le plus important dans ce texte ?

Coche les réponses qui te correspondent le mieux et ajoutes-en une autre à laquelle tu penses.

- ☐ Jean Baptiste, qui porte un manteau en poils de chameau et se nourrit de miel et de sauterelles
- ☐ Le baptême, que Jean donne aux personnes qui viennent le voir
- ☐ Les foules, qui viennent écouter Jean, pour changer leur cœur
- ☐ L'annonce de la venue de Jésus
- ☐ _

3 **Quand un ami vient te voir, comment te prépares-tu ?**

Liste ici ce que tu as l'habitude de faire pour accueillir quelqu'un que tu aimes.

→ ____

→ ____

→ ____

4 **Jean Baptiste rappelle qu'il est important de se préparer à accueillir Jésus. C'est ce que font les chrétiens pendant l'Avent.**

Colorie ce que tu fais pour préparer la venue de Jésus et dessine ce qui manque selon toi.

Ce que je découvre

Quand tu invites tes ami(e)s à la maison, tu prépares tout pour leur venue : tu cuisines un bon goûter, tu ranges un peu ta chambre... Les paroles de Jean Baptiste nous aident à nous préparer pour Noël. Jean est le cousin de Jésus, c'est un prophète. Il vit dans le désert où rien ne pousse. Jean annonce que notre cœur ne doit pas rester aride et sec comme un désert. Il annonce la venue de Jésus. Pour l'accueillir, il incite les gens à changer de vie, à avoir un cœur bon et juste.

Textes : Sophie Pelloux-Prayer, père Cédric Kuntz. Illustrations : Marcelino Truong, Estelle Chandelier. Photos : AdobeStock

JEAN BAPTISTE ANNONCE JÉSUS

Jean Baptiste était un prophète qui baptisait les foules. Il était le cousin de Jésus et annonçait sa venue : Jésus est le Sauveur.

Jean Baptiste parle de Jésus :

« Voici l'Agneau de Dieu, qui enlève le péché du monde. »

Évangile selon saint Jean 1, 29

LES PARENTS DE JEAN BAPTISTE

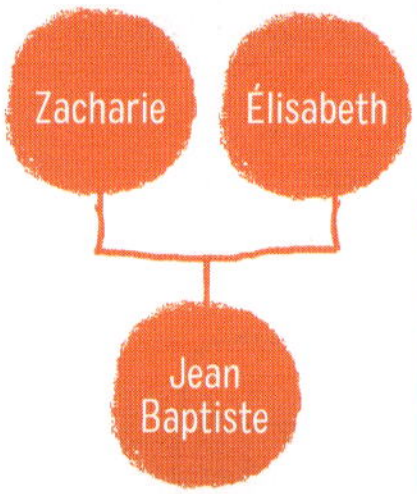

La première fois qu'on parle de Jean, dans la Bible, il est encore dans le ventre d'Élisabeth, et Jésus dans le ventre de Marie. Marie arrive chez Élisabeth, sa cousine. Jean « tressaille », c'est-à-dire bouge, dans le ventre d'Élisabeth : il est le premier à reconnaître en Jésus le Sauveur que Dieu envoie aux hommes.

LA CARTE DE LA TERRE SAINTE AU TEMPS DE JÉSUS

Beaucoup de personnes venaient voir le prophète Jean Baptiste dans le désert, près du fleuve **Jourdain.** Jean les appelait à se purifier, à changer de vie, à ne plus pécher. Puis il les immergeait (« baptisait » en grec) dans le fleuve Jourdain. D'où son surnom de « Jean Baptiste ».

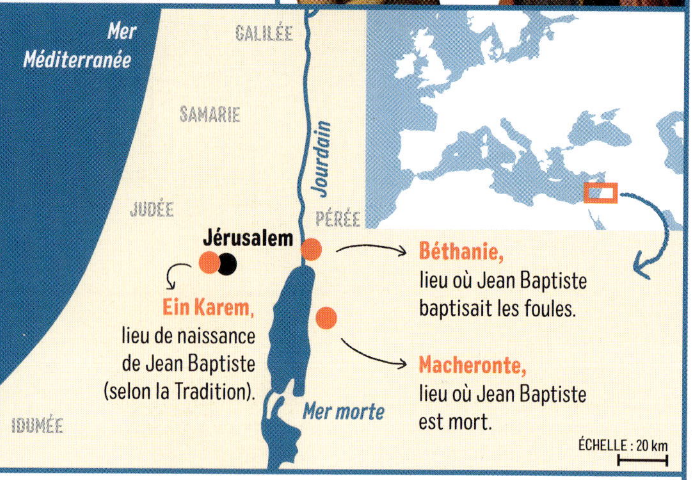

LA FRISE CHRONOLOGIQUE

Jean Baptiste né vers l'an 0

Jésus Christ

Années -2000 | 0 | 2022

Photos : Christ Pantocrator de la mosaïque de la Déisis à Sainte-Sophie (Istanbul, Turquie). Baptême du Christ. Peinture de Bartolomeo Coda. ©DR

Comment le reconnaître ?

IL DÉSIGNE L'AGNEAU

Comme Jean Baptiste annonce la venue de Jésus, il est souvent peint avec le doigt pointé sur un agneau.
En effet, il appelle Jésus « l'Agneau de Dieu ».

IL PORTE UN VÊTEMENT DE POILS

Jean Baptiste est vêtu de poils de chameaux et porte une ceinture de cuir.
Il est habillé comme Élie, l'un des plus grands prophètes de l'Ancien Testament.

UN LIVRE

L'agneau est assis sur un livre. Le livre symbolise l'alliance de Dieu avec le peuple d'Israël, qui est racontée dans l'Ancien Testament.
Jean Baptiste annonce Jésus, qui est la nouvelle alliance de Dieu avec tous les hommes.

Pour connaître l'histoire de Jean Baptiste, tu peux aller lire dans la Bible :

- la naissance de Jean Baptiste : chapitre 1 de l'Évangile selon saint Luc,
- Jean Baptiste au désert : le chapitre 3 de l'Évangile selon saint Luc et le chapitre 3 de l'Évangile selon saint Matthieu,
- la mort de Jean Baptiste : le chapitre 6 de l'Évangile selon saint Marc (versets 17 à 28).

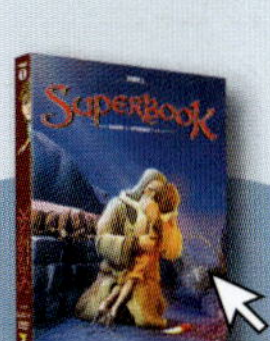

Retrouve Jean en dessin animé dans la série *Superbook* sur le site lefilmchretien.fr

Texte : Frédéric Pascal. Tableau : *La perle Brabant*, retable représentant saint Jean Baptiste, peinture de Dirck Bouts l'Ancien, vers 1450. Alte Pinakothek, Munich, Allemagne. Photo : BStGS/RMN-GP

MA SEMAINE

Lundi 5 décembre

Sainte Géraldine

Qu'est-ce qui m'a plu aujourd'hui ? ....

....

....

Mardi 6 décembre

Saint Nicolas

Saint Nicolas est le saint patron des enfants. J'imagine un cadeau pour l'Enfant Jésus : ....

....

Mercredi 7 décembre

Saint Ambroise

Je repense à ma journée.

Jésus, je te dis merci pour ....

....

....

Jeudi 8 décembre

Fête de l'Immaculée Conception

En famille, nous chantons le Je vous salue Marie.

Vendredi 9 décembre

Sainte Valérie

Je dessine un arc-en-ciel si je vais bien, des nuages si cela va moins bien.

Samedi 10 décembre

Sainte Eulalie

Quelle bonne nouvelle ai-je envie de partager ?

....

....

Dimanche 11 décembre

Saint Daniel

Soyons dans la joie, Noël approche. Avec mes parents, j'allume trois bougies sur la couronne de l'Avent.

Texte : Geneviève Pasquier

3E DIMANCHE DE L'AVENT

Première lecture

Le prophète Isaïe redonne espoir au peuple de Dieu en exil. Il sera bientôt libéré, le bonheur va renaître !

Lecture du livre du prophète Isaïe

Chapitre 35, versets 1 à 6a et verset 10

Le désert et la terre de la soif, qu'ils se réjouissent !
Le pays aride, qu'**il exulte** et fleurisse comme la rose,
qu'il se couvre de fleurs des champs, qu'il exulte
et crie de joie ! La gloire du Liban lui est donnée,
la splendeur **du Carmel et du Sarône**.
On verra la gloire du Seigneur, la splendeur de notre Dieu.
Fortifiez les mains défaillantes, affermissez les genoux
qui fléchissent, dites aux gens qui s'affolent :
« Soyez forts, ne craignez pas. Voici votre Dieu :
c'est la vengeance qui vient, la revanche de Dieu.
Il vient lui-même et va vous sauver. »
Alors se dessilleront les yeux des aveugles,
et s'ouvriront les oreilles des sourds.
Alors le boiteux bondira comme un cerf,
et la bouche du muet criera de joie.
Ceux qu'a libérés le Seigneur reviennent, ils entrent dans Sion
avec des cris de fête, couronnés de l'éternelle joie.
Allégresse et joie les rejoindront,
douleur et plainte s'enfuient.

- **il exulte :** exulter, c'est se réjouir beaucoup, déborder de joie, d'allégresse.
- **du Carmel et du Sarône :** le Carmel est une montagne boisée du Liban. Le Sarône y est une plaine fertile près de la Méditerranée.

Psaume 145

Viens, Seigneur, et sauve-nous !
ou : ***Alléluia !***

Le Seigneur fait justice aux opprimés,
aux affamés, il donne le pain,
le Seigneur délie les enchaînés.

Le Seigneur ouvre les yeux des aveugles,
le Seigneur redresse les accablés,
le Seigneur aime les justes.

Le Seigneur protège l'étranger,
il soutient la veuve et l'orphelin.
D'âge en âge, le Seigneur régnera.

Illustration : Aurélia Fronty

Deuxième lecture

**De même que la graine est longue à germer,
le Seigneur est long à venir.
Attendons-le tous ensemble, calmement.**

Lecture de la lettre de saint Jacques

Chapitre 5, versets 7 à 10

Frères, en attendant la venue du Seigneur,
prenez patience. Voyez le cultivateur :
il attend les fruits précieux de la terre avec patience,
jusqu'à ce qu'il ait fait la récolte précoce
et la récolte tardive.
Prenez patience, vous aussi, et tenez ferme
car la venue du Seigneur est proche.
Frères, ne gémissez pas les uns contre les autres,
ainsi vous ne serez pas jugés.
Voyez : le Juge est à notre porte.
Frères, prenez pour modèles d'**endurance** et de patience
les prophètes qui ont parlé au nom du Seigneur.

- **endurance :** on a de l'endurance quand on supporte quelque chose de pénible pendant longtemps.

- **les prophètes :** les prophètes rappellent aux hommes la parole de Dieu.

Évangile

Jean Baptiste s'étonnait que l'envoyé de Dieu ne bouleverse pas le pays. Jésus lui répond : le mal recule, donc le Royaume de Dieu approche.

Évangile de Jésus Christ saint Matthieu

Chapitre 11, versets 2 à 11

En ce temps-là, Jean le Baptiste entendit parler, dans sa prison, des œuvres réalisées par **le Christ**.
Il lui envoya ses disciples et, par eux, lui demanda :
« Es-tu celui qui doit venir,
ou devons-nous en attendre un autre ? »
Jésus leur répondit :
« Allez annoncer à Jean ce que vous entendez et voyez :
Les aveugles retrouvent la vue, et les boiteux marchent,
les lépreux sont purifiés, et les sourds entendent,
les morts ressuscitent,
et les pauvres reçoivent **la Bonne Nouvelle**.
Heureux celui pour qui je ne suis pas une occasion de chute ! »
Tandis que les envoyés de Jean s'en allaient,
Jésus se mit à dire aux foules à propos de Jean :
« Qu'êtes-vous allés regarder au désert ?
un roseau agité par le vent ? Alors, qu'êtes-vous donc allés voir ?
un homme habillé de façon raffinée ?

- **le Christ :** dans la Bible, c'est le roi qui a reçu sur la tête l'huile parfumée pour être au service de Dieu. Les Juifs attendent le « Christ », le roi envoyé par Dieu. Pour les chrétiens, le Christ, c'est Jésus.
- **la Bonne Nouvelle :** la Bonne Nouvelle, c'est Jésus. Par sa présence, Dieu vient au milieu des hommes.

Mais ceux qui portent de tels vêtements
vivent dans les palais des rois.
Alors, qu'êtes-vous allés voir ? un prophète ?
Oui, je vous le dis, et bien plus qu'un prophète.
C'est de lui qu'il est écrit :
Voici que j'envoie mon messager en avant de toi,
pour préparer le chemin devant toi.
Amen, je vous le dis :
Parmi ceux qui sont nés d'une femme,
personne ne s'est levé de plus grand que Jean le Baptiste ;
et cependant le plus petit dans le royaume des Cieux
est plus grand que lui. »

Illustration : Marcelino Truong

Ton atelier de l'Évangile

1 Dans l'évangile d'aujourd'hui, Jésus annonce qu'il est venu sauver les hommes et les femmes.

Relie les personnes sauvées au don qu'elles ont reçu.

1. Les aveugles	a. sont purifiés.
2. Les morts	b. peuvent marcher.
3. Les pauvres	c. entendent.
4. Les lépreux	d. ressuscitent.
5. Les boiteux	e. peuvent voir.
6. Les sourds	f. reçoivent la Bonne Nouvelle.

Réponse : 1. e ; 2. d ; 3. f ; 4. a ; 5. b ; 6. c.

---

2 Pour toi, dire que Jésus sauve, cela signifie qu'il :

Entoure les réponses qui te conviennent et ajoute celles qui manquent, selon toi.

- est le Fils de Dieu
- _ _ _ _ _ _ _ _ _
- nous aime
- est un peu médecin
- _ _ _ _ _ _ _ _ _
- a été envoyé par Dieu pour nous aider
- veut qu'on soit heureux
- _ _ _ _ _ _ _ _ _

3 Les chrétiens croient que Dieu est un Dieu d'amour venu pour les sauver.

Coche les réponses qui te conviennent, ajoute celles auxquelles tu penses.

Croire en un Dieu d'amour...

- ☐ me rassure
- ☐ me réjouit
- ☐ _______________
- ☐ me libère
- ☐ me questionne
- ☐ _______________

4 Trouve le chemin qui mène à la crèche.

Autrement dit

Les disciples de Jean le Baptiste se demandent si Jésus est le Sauveur qu'ils attendent. Et pour nous, est-il le Fils de Dieu ? L'évangile nous demande d'ouvrir nos yeux et nos oreilles en grand. Les boiteux marchent, les sourds entendent... Tous, au contact de Jésus, découvrent en eux une force de vie. Jésus est bien le Fils de Dieu ; baptisés, nous sommes enfants de Dieu. Nous croyons que Jésus est présent dans notre vie et qu'il agit. Nous aussi, par nos gestes et nos paroles qui font du bien, nous pouvons montrer que Jésus Christ est là.

Textes : Sophie Pelloux-Prayer, Père Cédric Kuntz. Illustrations : Marcelino Truong, Estelle Chandelier. Photos : AdobeStock

Les acteurs de la messe

Le prêtre

À la messe, le prêtre guide
la prière de toute l'assemblée.

LE PRÊTRE PRÉSIDE LA MESSE

« Présider », cela veut dire « être placé en avant de ». Le prêtre est un guide qui conduit la prière de toute l'assemblée. Il prie au nom de tous. À la messe, le prêtre est aussi l'image de Jésus Christ qui nous rassemble, comme lorsqu'il accueille l'assemblée en disant : « Le Seigneur soit avec vous. »

IL PRONONCE L'HOMÉLIE

Après la lecture de l'évangile, le prêtre parle : c'est l'homélie. L'homélie permet de faire comprendre comment les lectures de la messe sont vraiment parole de Dieu. L'homélie nous aide aussi à faire le lien entre la parole de Dieu et notre vie.

Jésus dit dans l'Évangile :
« Heureux plutôt ceux qui écoutent la parole de Dieu, et qui la gardent ! »
(Luc 11, 28)

IL DIT LA PRIÈRE EUCHARISTIQUE

Le prêtre présente à Dieu les offrandes que sont le pain et le vin, « fruits de la terre et du travail des hommes ». Il dit à Dieu : « Nous te présentons ces offrandes. » Il utilise le « nous », la première personne du pluriel, parce qu'il parle au nom de l'assemblée.

C'est aussi au nom de l'assemblée que le prêtre appelle l'Esprit Saint sur le pain et le vin pour qu'ils deviennent le corps et le sang de Jésus Christ.

IL REFAIT LES GESTES DE JÉSUS

Le prêtre prend l'hostie, c'est-à-dire le pain, et la présente à l'assemblée. Puis il prend le calice, c'est-à-dire le vin, et le présente à l'assemblée. Il dit : « Faites cela en mémoire de moi. » Ces gestes et cette parole sont ceux de Jésus lors de la Cène, son dernier repas avec ses amis, la veille de sa mort.

IL NOUS ENVOIE

À la fin de la messe, le prêtre bénit l'assemblée. Il nous dit le bien que Dieu veut pour nous. Puis il nous envoie au nom de Jésus : « Allez, dans la paix du Christ ! »

Texte : Frédéric Pascal. Illustrations : Sophie Leullier

MA SEMAINE

Lundi 12 décembre

Saint Corentin

Ai-je envie de prier pour quelqu'un cette semaine ? J'écris son prénom :

....

Mardi 13 décembre

Sainte Lucie

J'écris la plus belle qualité de ma marraine et celle de mon parrain :

Ma marraine : ....

Mon parrain : ....

Mercredi 14 décembre

Saint Jean de la Croix

Aujourd'hui, je me sens :

- ☐ fatigué/fatiguée
- ☐ paisible
- ☐ en super forme

Jeudi 15 décembre

Sainte Ninon

Avec qui ai-je blagué aujourd'hui ?

....

....

....

Vendredi 16 décembre

Saint Blaise

Qu'est-ce que je préfère à Noël ?

- ☐ Les cadeaux
- ☐ Être en famille
- ☐ Décorer la maison
- ☐ ....
....

Samedi 17 décembre

Sainte Gaëlle

C'est les vacances de Noël !

Je vais ....

....

....

Dimanche 18 décembre

Saint Gatien

Je lis l'évangile pages 82-83. L'ange annonce une bonne nouvelle : Jésus vient parmi nous. Avec mes parents, j'allume quatre bougies sur la couronne de l'Avent.

Texte : Geneviève Pasquier

4E DIMANCHE DE L'AVENT

Première lecture

Dieu n'a pas oublié son peuple. Isaïe annonce une grande naissance. Plus tard, pour les chrétiens, ce bébé à naître, ce sera Jésus.

Lecture du livre d'Isaïe

Chapitre 7, versets 10 à 16

En ces jours-là, le Seigneur parla ainsi au roi Acaz :
« Demande pour toi un signe
de la part du Seigneur ton Dieu,
au fond du séjour des morts ou sur les sommets, là-haut. »
Acaz répondit : « Non, je n'en demanderai pas,
je ne mettrai pas le Seigneur à l'épreuve. »
Isaïe dit alors : « Écoutez, **maison de David** !
Il ne vous suffit donc pas de fatiguer les hommes :
il faut encore que vous fatiguiez mon Dieu !
C'est pourquoi le Seigneur lui-même vous donnera
un signe : Voici que la vierge est enceinte,
elle enfantera un fils, qu'elle appellera Emmanuel
(c'est-à-dire : Dieu-avec-nous).
De crème et de miel il se nourrira,
jusqu'à ce qu'il sache rejeter le mal et choisir le bien.
Avant que cet enfant sache rejeter le mal et choisir le bien,
la terre dont les deux rois te font trembler
sera laissée à l'abandon. »

• **maison de David :** la maison de David, ce sont tous les descendants du grand roi David. (Va lire aussi page 39.)

Psaume 23

Qu'il vienne, le Seigneur : c'est lui, le roi de gloire !

Au Seigneur, le monde et sa richesse,
la terre et tous ses habitants !
C'est lui qui l'a fondée sur les mers
et la garde inébranlable sur les flots.

Qui peut gravir la montagne du Seigneur
et se tenir dans le lieu saint ?
L'homme au cœur pur, aux mains innocentes,
qui ne livre pas son âme aux idoles.

Il obtient, du Seigneur, la bénédiction,
et de Dieu son Sauveur, la justice.
Voici le peuple de ceux qui le cherchent !
Voici Jacob qui recherche ta face !

Illustration : Loreto Corvalán

Deuxième lecture

**À Noël, nous fêtons Jésus, l'enfant.
Mais nous fêtons aussi le Fils de Dieu
qui demeure dans la vie éternelle.**

Lecture de la lettre de saint Paul apôtre aux Romains

Chapitre 1, versets 1 à 7

Paul, serviteur du Christ Jésus, appelé à être apôtre,
mis à part pour l'Évangile de Dieu,
à tous les bien-aimés de Dieu qui sont à Rome.
Cet Évangile, que Dieu avait promis d'avance
par ses prophètes dans les Saintes Écritures,
concerne son Fils qui, selon la chair,
est né de la descendance de David
et, selon l'Esprit de sainteté,
a été établi dans sa puissance de Fils de Dieu
par sa résurrection d'entre les morts,
lui, Jésus Christ, notre Seigneur.
Pour que son nom soit reconnu,
nous avons reçu par lui **grâce** et mission d'apôtre,
afin d'amener à l'obéissance de la foi
toutes **les nations païennes**, dont vous faites partie,
vous aussi que Jésus Christ a appelés.
À vous qui êtes appelés à être saints,
la grâce et la paix de la part de Dieu notre Père
et du Seigneur Jésus Christ.

- **grâce :** la grâce veut dire « don, cadeau ». Dieu donne sa force aux hommes, il leur donne sa grâce.
- **les nations païennes :** les nations païennes sont les peuples qui n'appartenaient pas à la religion juive.

Découvre aussi l'évangile de ce dimanche en BD page 86.

Évangile

D'où vient Jésus ? Il a été élevé dans une famille bien humaine, celle de Marie et de Joseph. Mais il vient de l'Esprit Saint.

Évangile de Jésus Christ selon saint Matthieu

Chapitre 1, versets 18 à 24

Voici comment fut engendré Jésus Christ :
Marie, sa mère, avait été accordée en mariage à **Joseph**;
avant qu'ils aient habité ensemble,
elle fut enceinte par l'action de l'Esprit Saint.
Joseph, son époux, qui était un homme **juste,**
et ne voulait pas la dénoncer publiquement,
décida de la renvoyer en secret.
Comme il avait formé ce projet,
voici que l'ange du Seigneur lui apparut en songe
et lui dit :
« Joseph, fils de David,
ne crains pas de prendre chez toi Marie, ton épouse,
puisque l'enfant qui est engendré en elle
vient de l'Esprit Saint;
elle enfantera un fils, et tu lui donneras le nom de Jésus
(c'est-à-dire : Le-Seigneur-sauve),
car c'est lui qui sauvera son peuple de ses péchés. »

- **Joseph :** Joseph, charpentier à Nazareth, est un descendant du roi David.
- **juste :** une personne juste vit de manière honnête.
- **concevra :** concevoir, ici, c'est devenir enceinte.

Tout cela est arrivé pour que soit accomplie
la parole du Seigneur prononcée par le prophète :
Voici que la Vierge ***concevra****,*
et elle enfantera un fils;
on lui donnera le nom d'Emmanuel,
qui se traduit : « Dieu-avec-nous ».
Quand Joseph se réveilla,
il fit ce que l'ange du Seigneur lui avait prescrit :
il prit chez lui son épouse.

Ton atelier de l'Évangile

1 Que dit l'ange à Joseph ?

Barre tous les mots dans la grille. Les lettres qui restent te dévoilent le message de l'ange à Joseph.

J	E	N	E	N	S	E	M	B	L	E	E
E	N	G	E	N	D	R	E	E	C	S	M
S	F	R	P	S	E	C	R	E	T	E	M
U	A	P	O	P	E	U	P	L	E	I	A
S	N	R	U	H	A	B	I	T	E	G	N
A	T	O	S	D	I	E	U	F	A	N	U
N	E	J	E	N	O	U	S	I	N	E	E
O	R	E	I	C	H	E	Z	L	G	U	L
M	N	T	O	I	S	P	A	S	E	R	S

- ANGE
- CHEZ
- DIEU
- EMMANUEL
- ENFANTER
- ENGENDRE
- ENSEMBLE
- EPOUSE
- FILS
- HABITE
- JESUS
- NOM
- NOUS
- PEUPLE
- PROJET
- SECRET
- SEIGNEUR
- TOI

Réponse : _

Réponse : « Ne crains pas. »

2 Dans l'évangile du jour, à la place de qui préférerais-tu être ?

☐ Joseph ☐ Marie ☐ Jésus ☐ L'ange

Pourquoi ? _

_ _

3 Joseph et Marie acceptent de faire confiance à Dieu.
Mais la confiance, qu'est-ce que c'est au juste ?

Entoure les réponses qui te conviennent.

- → Dire « oui » à tout
- → Croire qu'on nous veut du bien
- → Vivre dangereusement
- → Sortir des chemins qu'on connaît
- → Se dépasser
- → ______________________
- → ______________________

4 As-tu déjà fait confiance aux autres ? Et à Dieu ?

Dessine ici une situation où tu as fait confiance et où cela t'a rendu heureux.

Autrement dit

Joseph ne comprend pas. Comment se fait-il que Marie soit enceinte, alors qu'ils ne vivent pas encore ensemble ? Grâce à l'ange du Seigneur, Joseph comprend que les promesses qu'il a lues dans la Bible vont se réaliser : Marie deviendra la maman du Sauveur que tout le monde attend. Jésus est le Fils de Dieu. Joseph parle peu. Il attend. Il a confiance en Dieu, qui fait toujours de grandes choses avec discrétion. Alors Joseph prend Marie chez lui, il s'occupera de Jésus. Ainsi, il participe, lui aussi, au projet d'amour de Dieu pour nous.

Textes : Sophie Pelloux-Prayer, père Cédric Kuntz. Illustrations : Marcelino Truong, Estelle Chandelier. Photos : AdobeStock

Le songe de Joseph

Marie est enceinte grâce à l'Esprit Saint. Elle l'annonce à Joseph.

Texte : Sophie Pelloux-Prayer, d'après Mt 1, 18-24. Illustrations : Stéphanie Rubini

MA SEMAINE

Lundi 19 décembre

Saint Urbain

Pendant les vacances, je prépare :

- ☐ un cadeau pour mon frère, ma sœur, mes cousins-cousines...
- ☐ la veillée de Noël
- ☐ ....

Mardi 20 décembre

Saint Théophile

Je confie ma famille à Jésus. J'écris le prénom de chacun.

....

....

Mercredi 21 décembre

Saint Pierre Canisius

Jésus, merci pour ....

....

....

....

Jeudi 22 décembre

Sainte Françoise

Comment s'est passée ma journée ?

Vendredi 23 décembre

Sainte Victoire

Je prie pour les personnes qui sont seules pendant les fêtes de Noël.

Samedi 24 décembre

Sainte Adèle

Je lis l'évangile de la naissance de Jésus, pages 92-93.

Dimanche 25 décembre

Nativité de Jésus

Je lis la prière « Étoiles de Noël », page 98.
Et je souhaite un joyeux Noël
à toutes les personnes que je connais.

Texte : Geneviève Pasquier

NATIVITÉ DU SEIGNEUR - MESSE DE LA NUIT

Première lecture

Il y a 2700 ans, tout allait mal pour les habitants d'Israël. Mais un nouveau roi vient de naître. Enfin, la paix va revenir !

Lecture du livre du prophète Isaïe

Chapitre 9, versets 1 à 6

Le peuple qui marchait dans les ténèbres a vu se lever une grande lumière; et sur les habitants du pays de l'ombre, une lumière a resplendi.
Tu as prodigué la joie, tu as fait grandir l'allégresse : ils se réjouissent devant toi, comme on se réjouit de la moisson, comme on exulte au partage du **butin**.
Car **le joug** qui pesait sur lui, la barre qui meurtrissait son épaule, le bâton du tyran, tu les as brisés comme au jour de Madiane. Et les bottes qui frappaient le sol, et les manteaux couverts de sang, les voilà tous brûlés : le feu les a dévorés. Oui, un enfant nous est né, un fils nous a été donné ! Sur son épaule est le signe du pouvoir; son nom est proclamé : « Conseiller-merveilleux, Dieu-Fort, Père-à-jamais, Prince-de-la-Paix. »
Et le pouvoir s'étendra, et la paix sera sans fin pour le trône de David et pour son règne qu'il établira, qu'il affermira sur le droit et la justice dès maintenant et pour toujours.
Il fera cela, l'amour jaloux du Seigneur de l'univers !

- **butin :** le butin, c'est ce qu'on prend aux ennemis vaincus sur le champ de bataille (armes, vêtements, argent...).

- **le joug :** le joug est la poutre de bois posée devant les cornes des bœufs pour qu'ils tirent la charrue. Ici, on compare le peuple à un troupeau de bœufs obligés de tirer la charrue.

Psaume 95

Aujourd'hui, un Sauveur nous est né : c'est le Christ, le Seigneur.

Chantez au Seigneur un chant nouveau,
chantez au Seigneur, terre entière,
chantez au Seigneur et bénissez son nom !

De jour en jour, proclamez son salut,
racontez à tous les peuples sa gloire,
à toutes les nations ses merveilles !

Joie au ciel ! Exulte la terre !
Les masses de la mer mugissent,
la campagne tout entière est en fête.

Les arbres des forêts dansent de joie
devant la face du Seigneur, car il vient,
car il vient pour juger la terre.

Il jugera le monde avec justice,
Et les peuples selon sa vérité.

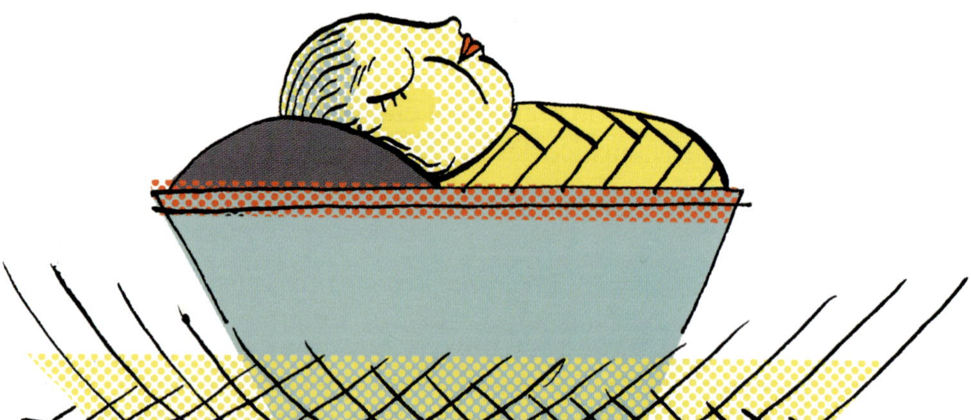

Illustration : Aurore Petit

Offrez à un enfant 2 CADEAUX pour découvrir la parole de Dieu et suivre la messe

1 an d'abonnement
à *Prions en Église Junior*
+ le livret *La messe expliquée aux enfants*

35€
au lieu de ~~49€~~*

Soit **28 %** de remise

+

56 pages, format 148 x 210 mm

Ce livret pratique aidera les enfants à **suivre la messe et à comprendre les différentes étapes de la célébration** : le temps de l'accueil, le temps de la Parole, le temps de l'Eucharistie et le temps de l'Envoi.

Il contient **les paroles du prêtre**, **les réponses de l'assemblée**, **les gestes de prière**, **les prières eucharistiques** et **les explications** nécessaires pour partager en communauté, **un beau moment de prière et de louange.**

BULLETIN D'ABONNEMENT

OFFRE EXCEPTIONNELLE

-28%

☐ **Oui** j'abonne un enfant à *Prions en Église Junior* pour **1 an** (6 numéros) (PRJ)
+ le livret *La messe expliquée aux enfants* (FKH0575) :
35 € au lieu de ~~49 €~~*

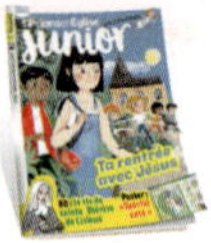

PAR COURRIER : renvoyez ce bulletin accompagné de votre chèque (à l'ordre de « Bayard ») à **Bayard – TSA 60007 – 59714 Lille CEDEX 9**.

PAR INTERNET : sur **librairie-bayard.com/juniorhs**

COORDONNÉES DU PAYEUR Merci d'écrire en lettres CAPITALES ☐ Mme ☐ M.

Code offre : A176988

Prénom

Nom

Complément d'adresse (résid./esc./bât.)

N° et voie (rue/av./bd…)

Indiquez précisément le numéro de voie et le libellé de voie pour une meilleure garantie de l'acheminement de votre abonnement.

Code postal Ville Pays

Tél. E-mail @ .

Afin que nous puissions, conformément à la loi, vous adresser votre récapitulatif de commande et correspondre avec vous par courriel.

COORDONNÉES DE L'ENFANT Merci d'écrire en lettres CAPITALES Sexe ☐ Féminin ☐ Masculin

Prénom

Nom

Complément d'adresse (résid./esc./bât.)

N° et voie (rue/av./bd…)

Indiquez précisément le numéro de voie et le libellé de voie pour une meilleure garantie de l'acheminement de votre abonnement.

Code postal Ville Pays

Date de naissance J J M M A A A A pour recevoir des offres exclusives pour son anniversaire.

En vente également en librairie religieuse et par lots avec tarifs dégressifs en vous rapprochant de votre paroisse ou école.

Offre valable jusqu'au 30/09/2023 en France métropolitaine, Belgique et Luxembourg. Vous pouvez acquérir séparément l'abonnement d'1 an à *Prions en Église Junior* pour 32 € et le livret pour 7 €, par téléphone au 01 74 31 15 06, ou par courrier. *Prix de vente au numéro. Visuels non contractuels. Bayard s'engage à la réception du 1er numéro dans un délai de 4 semaines au maximum après enregistrement du règlement. À l'exception des produits numériques ou d'offre de service, vous disposez d'un délai de 14 jours à compter de la réception du 1er numéro de votre magazine pour exercer votre droit de rétractation en notifiant clairement votre décision à notre service client. Vous pouvez également utiliser le modèle de formulaire de rétractation accessible dans nos CGV. Nous vous rembourserons dans les conditions prévues dans nos CGV sur : https://librairie-bayard.com/cgv. Pour tout renseignement, vous pouvez nous contacter au 01 74 31 15 01 (numéro non surtaxé). Ces informations sont destinées au groupe Bayard, auquel *Prions en Église Junior* appartient. Elles sont enregistrées dans notre fichier clients à des fins de traitement de votre commande. Conformément à la loi « Informatique et Libertés » du 06/01/1978 modifiée et au RGPD du 27/04/2016, elles peuvent donner lieu à l'exercice du droit d'accès, de rectification, d'effacement, d'opposition, à la portabilité des données et à la limitation des traitements ainsi qu'à connaître le sort des données après la mort à l'adresse suivante : Bayard (CNIL), TSA 10065, 59714 Lille CEDEX 9 - France. Pour plus d'informations, nous vous renvoyons aux dispositions de notre Politique de confidentialité sur le site groupebayard.com. Votre nom associé à vos coordonnées postales et téléphoniques sont susceptibles d'être transmises à nos partenaires (éditeurs, associations, VPC…), si vous ne le souhaitez pas cochez cette case ☐. Nous vous informons de l'existence de la liste d'opposition au démarchage téléphonique « Bloctel », sur laquelle vous pouvez vous inscrire ici : https://www.bloctel.gouv.fr

Deuxième lecture

Le plus beau cadeau de Dieu, c'est de nous donner son Fils. Sa venue nous fait vivre autrement.

Lecture de la lettre de saint Paul apôtre à Tite

Chapitre 2, versets 11 à 14

Bien-aimé, **la grâce** de Dieu s'est manifestée
pour le salut de tous les hommes.
Elle nous apprend à renoncer à l'impiété
et aux convoitises de ce monde,
et à vivre dans le temps présent
de manière raisonnable, avec justice et piété,
attendant que se réalise la bienheureuse espérance :
la manifestation de la gloire
de notre grand Dieu et Sauveur,
Jésus Christ. Car il s'est donné pour nous
afin de nous racheter de toutes nos fautes,
et de nous purifier pour faire de nous son peuple,
un peuple ardent à faire le bien.

- **la grâce :** la grâce, c'est un don, une bénédiction accordée par Dieu.
- **la manifestation de la gloire :** la manifestation de la gloire de Dieu, c'est la présence de Dieu qui se révèle aux hommes, c'est Jésus.

Évangile

Quand le Fils de Dieu naît, c'est d'une drôle de manière. Sa naissance dans la paille est annoncée aux plus pauvres d'entre tous, les bergers !

Évangile de Jésus Christ selon saint Luc

Chapitre 2, versets 1 à 14

En ces jours-là, parut un édit de l'empereur Auguste,
ordonnant de **recenser** toute la terre
– ce premier recensement eut lieu lorsque Quirinius
était gouverneur de Syrie. Et tous allaient se faire recenser,
chacun dans sa ville d'origine.
Joseph, lui aussi, monta de Galilée,
depuis la ville de Nazareth, vers la Judée,
jusqu'à la ville de David appelée Bethléem.
Il était en effet de la maison et de la lignée de David.
Il venait se faire recenser avec Marie,
qui lui avait été accordée en mariage et qui était enceinte.
Or, pendant qu'ils étaient là,
le temps où elle devait enfanter fut accompli.
Et elle mit au monde son fils premier-né;
elle l'**emmaillota** et le coucha dans une mangeoire,
car il n'y avait pas de place pour eux dans la salle commune.

- **recenser :** recenser, c'est compter le nombre d'habitants.
- **emmaillota :** emmailloter, c'est envelopper de tissus un nouveau-né.
- **un Sauveur :** dans la Bible, les croyants appellent Dieu « le Sauveur ».
- **le Christ :** tu peux lire cette définition page 72.

Dans la même région, il y avait des bergers
qui vivaient dehors et passaient la nuit dans les champs
pour garder leurs troupeaux.
L'ange du Seigneur se présenta devant eux,
et la gloire du Seigneur les enveloppa de sa lumière.
Ils furent saisis d'une grande crainte. Alors l'ange leur dit :
« Ne craignez pas, car voici que je vous annonce
une bonne nouvelle,
qui sera une grande joie pour tout le peuple :
Aujourd'hui, dans la ville de David,
vous est né **un Sauveur** qui est **le Christ**, le Seigneur.
Et voici le signe qui vous est donné :
vous trouverez un nouveau-né emmailloté
et couché dans une mangeoire. »
Et soudain, il y eut avec l'ange
une troupe céleste innombrable,
qui louait Dieu en disant :
« Gloire à Dieu
au plus haut des cieux,
et paix sur la terre
aux hommes,
qu'Il aime. »

Ton atelier de l'Évangile

1 Où est né Jésus ?

Retrouve les mots qui sont dans l'évangile du jour pour découvrir le nom de la « ville de David ».

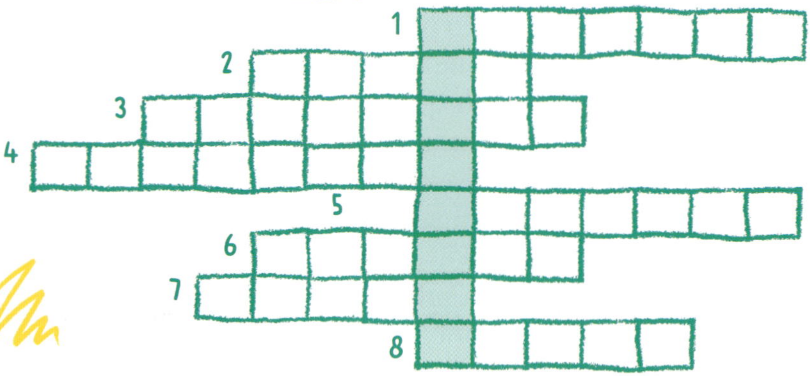

1. Ils reçoivent la visite de l'ange.
2. Destination de Joseph et Marie.
3. Synonyme d'accoucher.
4. Ville de départ de Marie et Joseph.
5. Ce qui enveloppe les bergers.
6. L'époux de Marie.
7. Quirinius en est le gouverneur.
8. Mère de Jésus.

Réponse : _ _ _ _ _ _ _ _ _

Réponse : 1. Bergers, 2. Judée, 3. Enfanter, 4. Nazareth, 5. Lumière, 6. Joseph, 7. Syrie, 8. Marie. La ville dans laquelle naît Jésus est donc BETHLÉEM.

2 C'est Noël ! Jésus est né !

Écris à l'intérieur du cadeau ce qui te plaît à Noël. À l'extérieur, note ce que tu veux laisser de côté pendant cette période.

3 Avec qui vais-je partager toutes ces belles choses inscrites dans le cadeau ?

Écris le prénom des personnes que tu vas voir pour Noël (parents, grands-parents, amis...).

→ ________________________________

→ ________________________________

→ ________________________________

→ ________________________________

→ ________________________________

→ ________________________________

→ ________________________________

→ ________________________________

4 Tout comme les bergers, nous partageons une très bonne nouvelle : Jésus est né, Dieu est parmi nous.

Écris une prière pour remercier Dieu qui vient nous visiter et pour partager la joie de Noël !

Jésus, Noël est pour moi ________________________

Merci de faire de ma vie une fête ! Aide-moi à faire de ce Noël

un temps de ________________________

Autrement dit

Aujourd'hui, les chrétiens du monde entier fêtent la naissance de Jésus. Quand Joseph et Marie arrivent à Bethléem, pas de place : ils doivent s'installer dans une étable. Jésus naît dans la simplicité. Et nous, comment l'accueillons-nous ? Notre cœur est-il « encombré » comme la salle commune ? Ou est-il prêt, comme la mangeoire avec ses quelques brins de paille ? Quand tu déposeras l'enfant Jésus dans la crèche, chante comme les anges : « Gloire à Dieu... »

Textes : Sophie Pelloux-Prayer, père Pierre-Marie Leroy. Illustrations : Marcelino Truong, Estelle Chandelier. Photos : AdobeStock

Marin fête Noël au Brésil

« Je m'appelle Marin, j'ai 12 ans, et je vis à Rio de Janeiro, au Brésil. Mes parents, tous les deux français, sont venus y habiter pour le travail. Ça change de la France : ici, quand on fête Noël, c'est l'été ! »

NOËL À LA PLAGE

POUR NOUS, NOËL, C'EST LE DÉBUT DES GRANDES VACANCES et la fin de l'année scolaire. Et, à Rio, en décembre, il fait chaud. On voit des Pères Noël à la plage ! Les rues sont illuminées avec des guirlandes. Et un énorme sapin en fer est installé au milieu de la lagune. Ma famille a une tradition de Noël : on se retrouve avec tous nos amis pour regarder le coucher de soleil sur la plage.

CRÈCHE ET MESSE DE NOËL

À LA MAISON, ON INSTALLE LA CRÈCHE ENSEMBLE. Ce que je préfère, c'est placer le relief avec le papier rocher et des boîtes. En bas de chez nous, il y a une crèche immense, elle prend toute l'entrée de l'église. Le matin du 24 décembre, nous allons à la messe des Français. J'aime bien le chant *Il est né le Divin Enfant*. Même si je parle français et portugais, j'ai l'habitude de prier en français.

UN FESTIN DE NOËL FRANCO-BRÉSILIEN

LE PLAT TRADITIONNEL BRÉSILIEN, C'EST LE *PERU*, une dinde de Noël. Mais mes parents préfèrent les *cavaquinhas* (ce sont des cigales de mer, une sorte de langoustes). Moi je n'aime pas cela. Maman prépare aussi du saumon et des chocolats, j'adore ! Mes parents ramènent du foie gras et du confit de canard de France. On a aussi un pudding que nous prépare ma grand-mère de France.

Propos recueillis par Faustine Fayette. Photos : D.R. ; Emma Monteiro da Rocha

Étoiles de Noël

Ce soir, l'ombre pétille.
Le bleu nuit du ciel
est saupoudré d'étoiles
comme du sucre doré.
Du haut du sapin,
mon étoile en papier
lance ses étincelles…
Tous ces éclats
allument en moi
un trésor de lumière.
Comme des veilleurs de nuit,
ces mille étoiles
attendent le matin.
Elles indiquent le chemin.
Seigneur, toi qui viens.

NATIVITÉ DU SEIGNEUR - MESSE DU JOUR

Première lecture

Dans une période difficile pour le peuple d'Israël, le prophète Isaïe annonce la venue d'un Messie qui fera régner la paix et la justice.

Lecture du livre du prophète Isaïe

Chapitre 52, versets 7 à 10

Comme ils sont beaux sur les montagnes,
les pas du messager, celui qui annonce la paix,
qui porte la bonne nouvelle,
qui annonce **le salut**, et vient dire à **Sion** :
« Il règne, ton Dieu ! »
Écoutez la voix des guetteurs :
ils élèvent la voix, tous ensemble ils crient de joie
car, de leurs propres yeux,
ils voient le Seigneur qui revient à Sion.
Éclatez en cris de joie, vous, ruines de Jérusalem,
car le Seigneur console son peuple,
il rachète Jérusalem !
Le Seigneur a montré la sainteté de son bras
aux yeux de toutes les nations.
Tous les lointains de la terre ont vu le salut de notre Dieu.

• **le salut :** le salut, c'est le fait d'être sauvé par Dieu.
Par Jésus, Dieu libère les hommes du malheur et de la mort.
D'ailleurs, sais-tu qu'en hébreu, Jésus veut dire « Dieu sauve » ?

• **Sion :** Sion, c'est un autre nom pour désigner Jérusalem
et, par extension, le peuple de Dieu.

Psaume 97

La terre tout entière a vu le salut que Dieu nous donne.

Chantez au Seigneur un chant nouveau,
car il a fait des merveilles;
par son bras très saint, par sa main puissante,
il s'est assuré la victoire.

Le Seigneur a fait connaître sa victoire
et révélé sa justice aux nations;
il s'est rappelé sa fidélité, son amour,
en faveur de la maison d'Israël.

La terre tout entière a vu
la victoire de notre Dieu.
Acclamez le Seigneur, terre entière,
sonnez, chantez, jouez!

Jouez pour le Seigneur sur la cithare,
sur la cithare et tous les instruments;
au son de la trompette et du cor,
acclamez votre roi, le Seigneur!

Deuxième lecture

Écrite aux chrétiens persécutés en l'an 70 après Jésus Christ, cette lettre leur rappelle que leur espérance, c'est le Christ.

Lecture de la lettre aux Hébreux

Chapitre 1, versets 1 à 6

À bien des reprises et de bien des manières,
Dieu, dans le passé, a parlé à nos pères par **les prophètes**;
mais à la fin, en ces jours où nous sommes,
il nous a parlé par son Fils
qu'il a établi héritier de toutes choses
et par qui il a créé les mondes.
Rayonnement de la gloire de Dieu,
expression parfaite de son être, le Fils,
qui porte l'univers par sa parole puissante,
après avoir accompli la purification des péchés,
s'est assis à la droite de la Majesté divine
dans les hauteurs des cieux;
et il est devenu bien supérieur aux anges,
dans la mesure même où il a reçu en héritage
un nom si différent du leur.
En effet, Dieu déclara-t-il jamais à un ange : Tu es mon Fils,
moi, aujourd'hui, je t'ai engendré ?
Ou bien encore : Moi, je serai pour lui un père,
et lui sera pour moi un fils ?
À l'inverse, au moment d'introduire le Premier-né
dans le monde à venir, il dit :
Que se prosternent devant lui tous les anges de Dieu.

• **les prophètes :** les prophètes sont des messagers qui annoncent la parole de Dieu. Tu peux retrouver leurs histoires dans la Bible.

Évangile

Dans ce texte poétique, Jean nous dit que Jésus est Dieu fait homme. Il est le « Verbe » et la « Lumière »

Évangile de Jésus Christ selon saint Jean

Chapitre 1, versets 1 à 5 et 9 à 14 (lecture brève)

Au commencement était **le Verbe**,
et le Verbe était auprès de Dieu,
et le Verbe était Dieu.
Il était au commencement auprès de Dieu.
C'est par lui que tout est venu à **l'existence**,
et rien de ce qui s'est fait ne s'est fait sans lui.
En lui était la vie,
et la vie était la lumière des hommes;
la lumière brille dans les ténèbres,
et les ténèbres ne l'ont pas arrêtée.
Le Verbe était la vraie Lumière,
qui éclaire tout homme
en venant dans le monde.
Il était dans le monde,
et le monde était venu par lui à l'existence,
mais le monde ne l'a pas reconnu.

- **le Verbe :** le Verbe, c'est la parole de Dieu. C'est Jésus parmi nous.
- **l'existence :** l'existence, c'est un autre mot pour dire « la vie ».

Il est venu chez lui, et les siens ne l'ont pas reçu.
Mais à tous ceux qui l'ont reçu,
il a donné de pouvoir devenir enfants de Dieu,
eux qui croient en son nom.
Ils ne sont pas nés du sang,
ni d'une volonté charnelle,
ni d'une volonté d'homme :
ils sont nés de Dieu.
Et le Verbe s'est fait chair,
il a habité parmi nous,
et nous avons vu sa gloire,
la gloire qu'il tient de son Père
comme Fils unique,
plein de grâce et de vérité.

Ton atelier de l'Évangile

1 Dans l'évangile du jour, deux mots désignent Dieu. Sauras-tu les retrouver ? (Indice : ces deux mots commencent par une lettre majuscule.)

Écris ici les deux mots que tu as trouvés.

.... et ....

Réponse : Verbe et Lumière.

2 Pour toi, que veulent dire ces deux mots ?

Associe chaque mot avec ses définitions.

Le verbe, c'est... •

La lumière, c'est... •

- ce qui exprime une action. ou un état dans une phrase.
- ce qui nous permet de voir.
- ce qui transmet un message.
- ce qui nous éclaire.
- ce qui nous permet de parler.
- ce qui fait qu'on se comprend.
- ce qui vient du ciel.
- ce qui permet aux plantes de pousser.

3 Pour toi, qu'est-ce que cela veut dire que Dieu est Verbe et Lumière ?

Entoure les réponses qui te conviennent. Tu peux aussi rajouter tes idées.

- → Dieu nous parle.
- → Dieu est comme une lampe qui nous éclaire.
- → C'est grâce à Dieu que nous vivons.
- → Dieu est présent sur la terre, aux côtés de tous les hommes.
- → _____________________
- → _____________________

4 Jésus est la lumière du monde. Tu peux dessiner une source de lumière qui représente Jésus pour toi (lampe, bougie, flamme, soleil, veilleuse...) et écrire une prière à Jésus.

Autrement dit

Qu'il est mystérieux, cet évangile. Dans ces phrases poétiques, on parle de Dieu, de Verbe, de Lumière... « Le Verbe était Dieu » : Le Verbe, cela désigne Jésus. Jésus est le Fils de Dieu. Il est présent dès le commencement, la Création du monde. « Le Verbe s'est fait chair. » Jésus est né comme tous les bébés, « en chair et en os », pourrait-on dire. En naissant, Jésus nous apporte la lumière. Il est la lumière de Dieu dans nos vies. Lire l'Évangile nous aide à voir cette lumière.

Textes : Sophie Pelloux-Prayer, Frédéric Pascal. Illustrations : Marcelino Truong. Photos : AdobeStock

L'invité de Noël

- À la fin de la messe de Noël, on s'est rassemblés autour de la crèche. Et on a tous chanté, accompagnés à la guitare par João, un jeune brésilien venu étudier en France.

- En sortant de l'église, Maman a vu que João rentrait seul… Elle lui a proposé de venir fêter Noël avec nous.

- Pendant qu'on revenait à la maison, la neige a commencé à tomber.

• À la maison, j'ai montré à João notre sapin et notre crèche. Il m'a souhaité "Joyeux Noël !" en brésilien.

• Chez João, au Brésil, il y a une tradition à Noël : chacun pioche un prénom au hasard et doit imaginer un petit cadeau de dernière minute pour cette personne.

• João a tiré mon prénom. Et il m'a offert… une chanson !

* Seigneur Jésus, merci pour cette famille !

• On a chanté toute la soirée. Ce Noël brésilien était vraiment super !

CHARLES DE FOUCAULD

Un frère pour tous

Le 1er décembre, nous fêtons saint Charles de Foucauld. Le pape François a reconnu sa sainteté en mai dernier. Né en 1858 à Strasbourg, orphelin très jeune, Charles est élevé par son grand-père et devient militaire. Il dépense son argent en organisant de grandes fêtes.

Mais une soif spirituelle ne l'a jamais quitté…

Illustration : Olivier Poppe

Regarde-moi ce gros cochon de Foucauld !
Ha ! ha ! ha ! ha ! ha !
Un soir, chez Charles.
Comment fait-il pour organiser de tels festins ?
Facile, il est plein aux as !
Mmmmm... Michèle !
Que tout cela est creux... Si seulement j'avais un but dans la vie.
Charles est envoyé en Algérie avec son régiment. L'Algérie appartient alors à la France.
Vous faites honte à l'armée. Cessez de trimbaler cette femme qui n'est pas votre épouse.
Mais...
Vous êtes renvoyé !
De toute façon, c'est ce que je voulais. À moi les vacances avec ma petite Michèle...

Quelques mois plus tard, Charles finit par revenir dans l'armée. À Alger, il a rendez-vous avec le directeur de la bibliothèque.
Je souhaite faire une expédition au Maroc. Si je peux établir des cartes, cela pourra servir la France.
Avant une telle expédition, vous devez beaucoup étudier.
Charles se met au travail.
Ah ! si ma cousine Marie me voyait...
ت ب ا
Et bientôt...
Votre voyage doit rester secret. Je vais vous présenter Mardochée.
Vous serez juif, comme lui. Les Juifs vivent à part des Marocains. Vous pourrez faire vos observations tranquillement.
Au Maroc.
Des soldats français, ils vont me reconnaître...
Qu'est-ce qu'ils trafiquent ces deux-là !
Ouf ! mon bon Mardochée, on a eu chaud cette fois !
Juin 1884. Charles rentre en France pour faire le compte rendu de ses expéditions.
Marie, ma cousine, François, je vous retrouve enfin.
Charles, comme tu m'as manqué. Tu as bien mauvaise mine !

Que veux-tu savoir, François ?
Ce que tu faisais pour Dieu au Maroc...
...
Le jour de la première communion de François.
Et moi, qu'ai-je fait de ma promesse ?
Cher cousin, c'est bon de t'avoir près de nous.
Marie est si généreuse et si joyeuse. Peut-être sa religion n'est-elle pas si absurde...
Charles, laisse-moi te présenter un ami. C'est l'abbé Huvelin.
Monsieur l'abbé.
J'aimerais tant que Charles retrouve la foi, moi, c'est ce qui me fait vivre.
Ne lui parlez pas de Jésus, aimez-le, c'est en vous voyant qu'il le rencontrera.

Charles fait la même prière pendant plusieurs mois.
Dieu, si vous existez, faites que je vous connaisse.
Et un jour...
Je n'ai pas la foi, mais je voudrais que vous m'appreniez.
Confessez-vous.
Mais je ne suis pas venu pour me confesser !
Finalement, Charles raconte toute sa vie à l'abbé Huvelin : ses doutes, ses moments de désespoir. Il reçoit le pardon.
Maintenant, venez communier.
Cette journée est la plus belle de ma vie !
Après quelques semaines...
Père, j'ai besoin d'être seul face à Dieu. Je veux mener la vie dure pour lui.
Réfléchissez encore... Allez à Nazareth.

Décembre 1888. Charles arrive à Jérusalem.
Dire que Jésus a marché sur cette terre !
Au tombeau de Jésus.
Mon Dieu, que voulez-vous que je fasse ?
À son retour...
Ce voyage a changé ma vie. Je sais que je veux vivre comme Jésus, pauvre. En étant moine peut-être ?
D'accord. Mais essayez un peu de vivre dans différents monastères pour voir si c'est vraiment à cette vie que Dieu vous appelle...
Et bientôt...
Au revoir Marie.
Mon Dieu, c'est dur de tout quitter.
Va, Charles !
En 1890, le voici moine dans un couvent en Ardèche... puis en Syrie. Il mène une vie dure, mais il n'est pas encore heureux. Ce qu'il désire, c'est vivre complètement la vie de Jésus.
Son rêve se réalise le 9 juin 1901. Charles devient prêtre. Il va vivre la vie pauvre de Jésus, en Algérie.
J'ai hâte de faire connaître Jésus à mes frères arabes...
Je suis le père Guérin, évêque d'Alger. Je vous envoie à Béni Abbès. Là-bas, vous serez auprès des soldats français et des Touaregs en même temps.

* Ce mot veut dire "saint" dans la langue des Touaregs.

Texte : Anne-Sophie Serri. Dessin, couleurs : Olivier Poppe

* La langue des Touaregs.

Prions en Église Junior est édité par Bayard, société anonyme à directoire et conseil de surveillance au capital de 16 500 000 €. Actionnaires : Augustins de l'Assomption (93,7 % du capital), S.A. Saint-Loup, association Notre-Dame de Salut. Loi n° 49-956 du 16/07/1949 sur les publications destinées à la jeunesse, modifiée par la loi n° 2011-525 du 17/06/2011. Directoire : Pascal Ruffenach (président et directeur de la publication), André Antoni, Florence Guémy, Jean-Marie Montel (directeurs généraux). Président du conseil de surveillance : Hubert Chicou.
CPPAP : 1224 K 85644. ISSN : 1769-4981. Dépôt légal à parution. Impression : Sib Imprimerie. Zone industrielle de la Liane BP 343 62205 Boulogne-sur-Mer.
Directeur des rédactions : Jean-Pierre Denis. **Rédactrice en chef** : Karem Bustica. **Rédacteur en chef adjoint** : Frédéric Pascal.
Directrice artistique et rédactrice en chef ajointe visuel : Pomme Mignon. **Secrétaire général de rédaction** : Nicolas Crouzier.
Secrétaire de rédaction : Clotilde Pruvôt. **Rédactrice photo** : Ania Biszewska. **Assistante de la rédaction** : Djamila Hellal.
Ont participé : Marie-Claire Audhuy, Béatrice Basteau, Sandra Garnier, Marc Guillon, Bénédicte Pascal, Geneviève Pasquier, Sophie Pelloux-Prayer.
Fabrication : Grégory Cervantes. **Marketing** : Amandine Boivin. **Contrôleur de gestion** : Tonnumy Ai.
Origine du papier : Finlande – Taux de fibres recyclées : 0 %. – Impact sur l'eau : Ptot 0,002 kg/T.
Ce numéro comporte sur la totalité de la diffusion un encart broché autopromo "Prions en Église Junior" 2022-2023 et un poster broché.
Illustration de couverture : Nicolas Francescon. **Illustrations Minizanges** : ®obin. **Textes liturgiques** : AELF.

PEFC 10-31-2036
Certifié PEFC
Ce produit est issu de forêts gérées durablement et de sources contrôlées.
pefc-france.org

Le photophore de Noël

Dans ton coin prière, tu peux remplacer ta bougie par ton photophore.

« VEILLEZ, LE SEIGNEUR VIENT »

Voici un atelier pour fabriquer un photophore de Noël à déposer dans ton coin prière : ce porte-bougie t'aidera à prier en attendant de fêter la naissance de Jésus.

IL TE FAUT :

- du papier-calque format A4 (21 x 29,7 cm)
- 1 règle pour mesurer
- 1 crayon à papier
- un rouleau de ruban adhésif
- des ciseaux pointus
- de la colle
- 2 bougies chauffe-plat ou lumignons led

COMMENT FAIRE ?

1. Découpe 2 bandes de papier-calque de 10 cm de haut et 21 cm de long. Réunis-les en les scotchant bord à bord. (Schéma 1)
2. Découpe le dessin ci-contre selon les pointillés. (Schéma 2)
3. Colle-le sur le calque. (Schéma 3)
4. Découpe les étoiles et colle-les sur le calque, dans l'espace qui reste. (Schéma 4)
5. Referme la bande en collant un bout sur l'autre. (Schéma 5)
6. Tu peux placer tes lumignons au centre. (Schéma 6)

Illustrations : Sandrine Martin

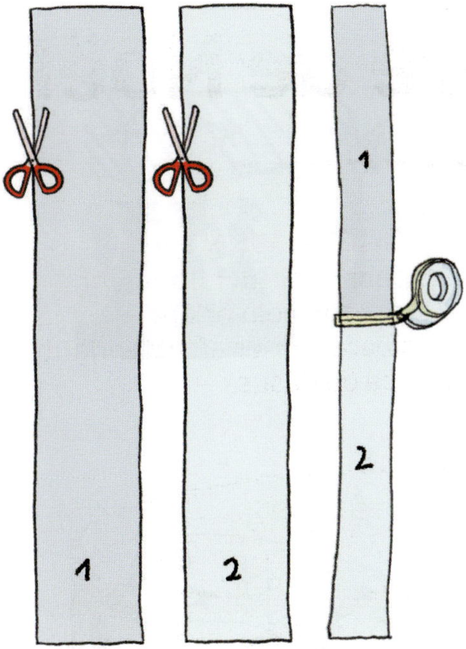

Schéma 1

Schéma 2

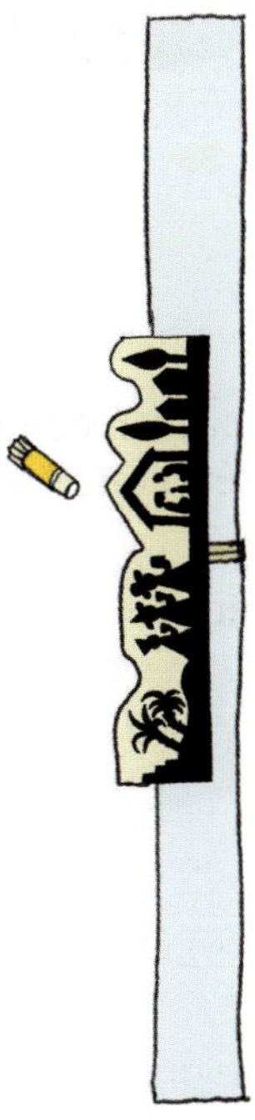

Schéma 3

Schéma 4

Schéma 5

Schéma 6

JE PRIE AVEC MON PHOTOPHORE

1

Je m'installe
devant mon coin prière.

2

Je me mets en présence
de Dieu en allumant les
lumignons de mon photophore.

3

Je fais silence en moi,
je n'écoute plus les bruits
autour de moi.

4

Je fais le signe de la croix.

5

Je lis ce passage tiré de l'Évangile :
« Jésus était la vraie Lumière,
qui éclaire tout homme
en venant dans le monde »
(Jean 1, 9).

6

Je récite le Notre Père.

7

J'écoute le chant :
De Noël viendra un enfant,
par Hopen.

8

Je trace sur moi
un beau signe de croix.

9

J'éteins la bougie.

Sucettes-étoiles

Tu peux aussi prier en cuisinant ! Voici des sucettes-étoiles à offrir le jour de Noël. En les préparant, pense à qui tu vas les offrir.

IL TE FAUT :

- 1 saladier
- 75 gr de beurre mou
- 1 pincée de sel
- 75 gr de sucre en poudre
- 1 œuf entier
- 150 gr de farine
- 1 rouleau à pâtisserie
- 1 emporte-pièce en forme d'étoile
- du papier de cuisson
- des piques à brochette en bois
- de la pâte à sucre, rouge et blanche
- des perles et des étoiles en sucre

1. **MÉLANGE LE BEURRE,** le sel, le sucre dans un saladier. Puis ajoute l'œuf entier et mélange bien. Incorpore la farine à la main pour former une boule.
2. **LAISSE REPOSER** une heure au réfrigérateur. Fais préchauffer le four à 200 °C.
3. **ÉTALE** cette pâte au rouleau (1 cm d'épaisseur).
4. **DÉCOUPE** les étoiles à l'emporte-pièce.
5. **ENFOURNE-LES** 10 à 12 min sur une plaque recouverte de papier cuisson.
6. **RETIRE-LES** et enfonce une pique dans chacune d'elles tant qu'elles sont chaudes.
7. **ÉTALE** au rouleau la pâte à sucre (2 mm d'épaisseur) et découpe les étoiles à l'emporte-pièce.
8. **HUMIDIFIE-LES** pour les fixer sur les sablés.
9. **SAUPOUDRE** de perles ou d'étoiles en sucre.

Conception-réalisation : Charlotte Vannier. Photos : Benoît